Bibliografische Information der Deutschen Nationalbibliothek:

Die Deutsche Bibliothek verzeichnet diese Publikation in der Deutschen National-
bibliografie; detaillierte bibliografische Daten sind im Internet über http://dnb.d-
nb.de/ abrufbar.

Impressum:

Copyright © 2002 GRIN Verlag, Open Publishing GmbH
Druck und Bindung: Books on Demand GmbH, Norderstedt Germany
ISBN: 9783640557530

Dieses Buch bei GRIN:

http://www.grin.com/de/e-book/144926/einfluss-von-diclofenac-nsar-auf-die-kno-
chenbruch-und-wundheilung

Alexander Beck

Einfluss von Diclofenac (NSAR) auf die Knochenbruch- und Wundheilung

Tierexperimentelle Untersuchungen an der Ratte

GRIN Verlag

GRIN - Your knowledge has value

Der GRIN Verlag publiziert seit 1998 wissenschaftliche Arbeiten von Studenten, Hochschullehrern und anderen Akademikern als eBook und gedrucktes Buch. Die Verlagswebsite www.grin.com ist die ideale Plattform zur Veröffentlichung von Hausarbeiten, Abschlussarbeiten, wissenschaftlichen Aufsätzen, Dissertationen und Fachbüchern.

Besuchen Sie uns im Internet:

http://www.grin.com/

http://www.facebook.com/grincom

http://www.twitter.com/grin_com

Aus der Abteilung für
Unfallchirurgie, Hand- und Wiederherstellungschirurgie
Universität Ulm

Einfluss von Diclofenac auf die
Knochenbruch- und Wundheilung
Tierexperimentelle Untersuchungen an der Ratte

Fachgebiet Chirurgie

**als Habilitationsschrift der klinisch-medizinischen Fakultät
der Universität Ulm
vorgelegt**

von

Alexander Beck

Ulm 2002

Meinen chirurgischen Lehrern

Im Vordergrund der Aesculap-Tempel (300 v. Chr.) im ΑΣΚΛΗΠΙΕΙΟ (Asklepieion, Aesculap-Heiligtum) auf der griechischen Insel Kos, Geburtsort von Hippokrates (* um 460 v. Chr., † um 377 v. Chr. in Larissa, Thessalien). Nur ein kleiner Teil der Schriften aus über 5 Jahrhunderten, die Hippokrates zugeschrieben werden, stammen auch tatsächlich von ihm. So soll auch der Hippokratische Eid aus einem anderen Jahrhundert und nicht von Hippokrates selbst stammen[73].

Traue nur Deinem Zweifel

Inhaltsverzeichnis

Aufgrund des Wirkmechanismus lag die Vermutung nahe, NSA könnten möglicherweise die Frakturheilung negativ beeinflussen. Dies wurde in einigen tierexperimentellen Arbeiten versucht anhand von Indometacin oder Ibuprofen nachzuweisen, was jedoch nicht in allen Untersuchungen möglich war [1, 3, 29, 46, 48, 53, 67, 92, 110].

Im klinischen Alltag der unfallchirurgischen Abteilungen und der deutschen Traumazentren zur adjuvanten medikamentösen Behandlung von Verletzungen ist aus der Wirkgruppe der NSA Diclofenac (z. B. Voltaren®) das mit am häufigsten verordnete Medikament.

Diclofenac wurde in Bezug auf eine potentielle Verzögerung beziehungsweise Hemmung der Frakturheilung bisher noch nicht untersucht.

6

1.1 NICHTSTEROIDALE ANTIPHLOGISTIKA (NSA)

Die entzündungshemmenden, analgetisch und antipyretisch wirksamen Substanzen sind eine heterogene Gruppe nicht einheitlicher Verbindungen, wobei die meisten von Ihnen organische Säuren darstellen. Oft nennt man diese Gruppe auch nicht-steroidale Antiphlogistika (nonsteroidal antiinflammatory drugs = NSAIDs) oder NSA (Synonyme: nichtsteroidale Antirheumatika oder NSAR, saure antiphlogistische antipyretische Analgetika). Den Prototyp dieser Gruppe stellt die Acetylsalicylsäure (ASS) dar, weshalb diese Substanzen oft auch als aspirinähnliche Substanzen bezeichnet werden [40]. Darüber hinaus gehört eine große Anzahl weiterer Substanzen, wie z.B. Diclofenac, Diflunisal, Ibuprofen, Indometacin, Naproxen etc. zur Gruppe der NSA.

Die Wirkung dieser Medikamente beruht im Wesentlichen auf einer Hemmung der Prostaglandinsynthese, wodurch die Erregbarkeit der Nocirezeptoren für analgetisch wirkende Substanzen (Bradykinin, Histamin, Kalium-Ionen etc.) vermindert wird [10]. Sie sind besonders effektiv bei Schmerzen mit entzündlicher Komponente, wie z.B. Knochen- und Gelenkschmerzen (Frakturen, Distraktionen, ossären Metastasen, Arthralgien o.ä.).

Nichtsteroidale Antiphlogistika sind eine chemisch heterogene Gruppe von Substanzen, deren Gemeinsamkeit in einem ähnlichen, wenn auch nicht identischen Wirkungsspektrum besteht. Bei oraler Verabreichung werden sie sehr gut resorbiert und weisen eine hohe Plasmabindungsfähigkeit auf. Entscheidend für ihre Wirkung ist die Konzentration des Wirkstoffs am Ort der Entzündung. Die Eliminierung erfolgt teilweise über die Leber an Glukuronsäure gekoppelt, teilweise direkt renal.

NSA wirken im Prostaglandinstoffwechsel über eine Hemmung der Cyclooxygenase [118]. Cyclooxygenase ist dafür verantwortlich, dass die von der Zellwand abgespaltene Arachidonsäure in Prostanoide, also Prostaglandine, Prostacyclin und Thromboxan, umgewandelt wird.

Um die genaue Wirkung der NSA zu verstehen ist es wichtig, die Wirkung der Prostanoide, insbesondere der Prostaglandine, sowie die von Prostacyclin und Thromboxan, zu kennen. Aus deren Fehlen kann dann auf die NSA-Wirkung geschlossen werden.

Indikationen für die Gabe von Diclofenac sind akute und degenerativ-chronische Entzündungszustände an Gelenken und der Wirbelsäule sowie posttraumatisch schmerzhafte Schwellungen nach Frakturen oder Operationen [113].

Aufgrund der relativ kurzen Halbwertszeit im Körper kann Diclofenac auch als Depotpräparat verordnet werden. In dieser Applikationsform (z. B. Voltaren® resinat) ist der Wirkstoff Diclofenac an ein polymeres Trägerharz, Colestyramin, gebunden. Bei dieser Form der Darreichung wird eine adäquat schnelle Wirkstoffanflutung mit einer verlängerten Wirkung verbunden. Bei zweimaliger Anwendung täglich findet sich bei gleich bleibendem Resorptionsverhalten ein konstanter Wirkspiegel mit einer geringen interindividuellen Schwankungsbreite.

1.2 Opioidanalgetika

Eine therapeutische Alternative zu den peripheren Analgetika in der Schmerztherapie ist die Verordnung von zentral wirksamen Analgetika.

Opioide sind starke, überwiegend im zentralen Nervensystem wirkende Analgetika zur Behandlung schwerster akuter und chronischer Schmerzzustände [99]. Die Bezeichnung Opioid ist spezifisch für alle Agonisten und Antagonisten mit morphinähnlichen Wirkungen und für alle natürlich vorkommenden oder synthetischen Opioidpeptide [40].

Wirkweise: Über eine Stimulation spezieller Rezeptoren (Opioidrezeptoren) führen die Opioide zu einer qualitativen und quantitativen Veränderung des Schmerzerlebens. Andere Empfindungsqualitäten werden in therapeutischer Dosis normalerweise nicht beeinflusst. Es gibt drei verschiedene Hauptklassen von Opioidrezeptoren (μ-, κ- und δ-Rezeptoren), auf die die einzelnen Substanzen schwerpunktmäßig wirken.

Opioide üben ihre Haupteffekte im zentralen Nervensystem und Magen-Darm-Trakt über μ-Rezeptoren aus. Die Wirkungen sind jedoch unterschiedlich und beinhalten zusätzlich zur Analgesie Somnolenz, Stimmungsschwankungen, Atemdepression, verminderte Magen-Darm-Motilität, Nausea, Erbrechen sowie Veränderungen im endokrinen und autonomen Nervensystem [81]. Bei Anwendung von Opioiden kann es zu Toleranzentwicklung und Abhängigkeit kommen.

Tramadol

Aus der Wirkgruppe der zentral wirksamen Analgetika wird beim traumatologischen Patientengut sehr gerne Tramadol (z. B. Tramal®) eingesetzt. Es besitzt eine sehr gute analgetische Potenz, keine antiphlogistische Wirkkomponente und verursacht aufgrund der zentralen Wirkung eine Dämpfung der Gehirnfunktion.

Aufgrund der relativ geringen atemdepressiven Wirkung kann es gerade auch im ambulanten Bereich gut eingesetzt werden.

Sekundäre Frakturheilung

Werden die Frakturenden flexibel fixiert wie beispielsweise bei der Marknagelung oder Ruhigstellung mittels Fixateur externe oder Gips, kommt es zu einer sekundären oder „spontanen" Frakturheilung [98]. Durch die interfragmentären Mikrobewegungen wird die Bildung von Frakturkallus angeregt. Aufgabe dieses Kallus ist zum einen die Frakturstabilisierung, zum anderen die Blutversorgung des im Frakturspalt befindlichen und neu entstehenden Gewebes [98]. Hier muss die notwendige Blutversorgung der Frakturzone aus den Gefäßen des umliegenden Muskel- und Bindegewebes kommen und nicht, wie im gesunden Knochen, aus den Gefäßen des Knochenmarks [89].

Diese spontane Knochenbruchheilung lässt sich nach Einhorn in fünf ineinander übergehende Stadien gliedern [27]:

I. Hämatom- und Entzündungsstadium

II. Angiogenese- und Knorpelbildungsstadium

III. Knorpelkalzifikationsstadium

IV. Knorpelerneuerungs- und Knochenbildungsstadium

V. Remodeling-Stadium

Im initialen Hämatom- und Entzündungsstadium (Stadium I, Dauer 2-3 Tage) kommt es durch Zerreißung der Gefäße zu einem Hämatom und Nekroseherd im Frakturbereich. Aus diesem werden vor allem Thrombozyten und Wachstumsfaktoren mit chemotaktischer Wirkung freigesetzt, welche den Frakturheilungsprozess steuern [27, 89]. Zum Abbau des nekrotischen Materials proliferieren nun polymorphkernige neutrophile Granulozyten, Makrophagen, pluripotente Stammzellen und Mastzellen um die Defektreparatur vorzubereiten [9, 27]. Die Rolle der Mastzellen ist bisher nicht geklärt. Da sie aber Heparin und heparinähnliche Substanzen enthalten, ist anzunehmen, dass sie einen bedeutenden Einfluss auf die lokale Vaskularisation und Zellwanderung haben. Prostaglandine [20] wirken zu diesem Zeitpunkt auf den Knochenstoffwechsel und die Knochenhomöostase wahrscheinlich biphasisch [85, 86]. In In-vitro-Experimenten konnte eine Stimulation der Knochenresorption nachgewiesen werden [56], während exogen zugeführte Prostaglandine sowohl in-vitro als auch in-vivo die Knochenneubildung stimulieren [85, 86].

Im darauf folgenden Stadium der Angiogenese und Knorpelbildung (Stadium II, Dauer 3-4 Wochen) sprießen Blutgefäßen ein, wodurch die lokale Sauerstoffversorgung verbessert wird. Die verstärkte Vaskularisierung führt nicht nur zu einer besseren Versorgung der vorhandenen Zellen sondern bringt erneut große Mengen neuer Zellen mit sich. Diese gehen nicht nur aus dem strömenden Blut sondern auch aus dem Gefäßendothel selbst hervor [9].

Das Hämatom, in dem sich bereits ein feines Netz von Fibrin und Kollagenfibrillen nachweisen lässt, wird rasch durch Granulationsgewebe mit Fibroblasten, neu gebildetem Kollagen und zahlreichen Kapillaren ersetzt und führt zur ersten Brückenbildung im Frakturspalt („weicher Kallus"). Zu diesem Zeitpunkt beginnt auch der Abbau abgestorbener Fragmentenden durch Osteoklasten, die ersten Chondroblasten treten auf und es zeigt sich eine beginnende subperiostale Knochenneubildung durch Osteoblasten (primäre Kallusreaktion).

Im sich anschließenden Knorpelkalzifikationsstadium (Stadium III) kommt es zur zunehmenden Mineralisation der Grundsubstanz, was zur Aushärtung des Kallus führt. [9, 27]. Das hierzu notwendige Kalzium stammt aus den Mitochondrien von hypertrophierten Chondrozyten.

Der mineralisierte Knorpel wird anschließend schrittweise abgebaut und durch Geflechtknochen (Stadium IV) ersetzt. In Phase V des Modeling und Remodeling wird dieser Geflechtknochen durch Lamellenknochen ersetzt und so der ursprüngliche Knochen wiederhergestellt [38, 89, 98]. Das Modeling läuft ständig im Körper ab, um das Skelett immer an die gestellten Anforderungen anzupassen [68]. Lediglich durch das Frakturereignis erfahren sämtliche dieser Abläufe eine geradezu dramatische Beschleunigung. Dieses Phänomen wird als „Regionales Akzeleratorisches Phänomen" (RAP) bezeichnet [70].

Wo läuft die sekundäre Frakturheilung ab? Einhorn beschreibt für den Ablauf vier Antworten des Körpers auf die Fraktur bzw. vier verschiedene Orte, an denen die Frakturheilung abläuft [27]: Die früheste Antwort geht vom Periost aus (periostal response). Hieraus entsteht ein die Fraktur umgebendes Bindegewebe, welches den ersten überbrückenden Kallus bildet [123]. Diese Überbrückung tritt zuerst im Außenbereich des Kallus auf und schreitet dann nach zentral fort (zweite Antwort). Zusätzlich reagiert das Knochenmark, indem ein Blastem aus dem Markraum in das Hämatom einwandert und den Frakturspalt auffüllt, wobei dieser Prozess noch unabhängig von mechanischen Einflüssen ist (dritte Antwort). Sind nun stabile

Bedingungen geschaffen, können sich die beiden Kortikalisenden verbinden. Dies ist die letzte Antwort, das Äquivalent zur primären Knochenheilung bzw. die knöcherne Kortikalisüberbrückung.

Primäre Frakturheilung

Bei der primären Knochenbruchheilung erfolgt die Vereinigung der Fragmente nicht über eine äußere Kallusmanschette. Vielmehr wachsen Haverssche Systeme (dies sind den Knochen in Längsrichtung durchwachsende Gefäßkanälchen, die von konzentrierten Knochenlamellen umgeben sind) pflockartig von einem Bruchstück zum anderen und es erfolgt eine unmittelbare Überbrückung. Diese direkte Überbrückung ist nur bei extrem hoher mechanischer Stabilität der Frakturfixierung (Plattenosteosynthese), ausreichender Blutversorgung und exakter anatomischer Rekonstruktion möglich [98, 123]. Der Begriff entstand analog zur primären Wundheilung [38]. Je nach Art und Form der Reposition bzw. der Nähe der Fragmente kann es zur Kontakt- oder Spaltheilung kommen [38, 97, 123]. Die Kontaktheilung geht von der Kortikalis und dem Endost aus [9, 38] und wird durch Osteone herbeigeführt, die von den Kortikalisenden einwachsen. Hierbei bohren Osteoklasten einen Kanal in die anliegende Kortikalis, in welchen die Osteoblasten eindringen können um ihn mit Geflechtknochen aufzufüllen. So werden die Kortikalisenden miteinander verzahnt [9, 68, 98, 102]. Bei der Spaltheilung, die ebenfalls von der Kortikalis und dem Endost ausgeht, wird der zwischen den Kortikalisenden bestehende Abstand direkt durch Geflechtknochen aufgefüllt. Anschließend durchwachsen ihn Osteone aus der Kortikalis heraus und bauen ihn zu Lamellenknochen um [9, 27, 98].

Desmale und enchondrale Ossifikation

Wird die Knochenbruchheilung makroskopisch in primär und sekundär unterschieden, so ist mikroskopisch zwischen enchondraler und desmaler Ossifikation [98] zu differenzieren (siehe Abbildung 1.2).
Die enchondrale Ossifikation (Abb. 1.2, li. Bild): Chondroblasten mauern sich ein und kalzifizieren das umgebende Knorpelgewebe. Im Anschluss daran bauen die Chondroklasten den kalzifizierten Knorpel ab und Osteoblasten ersetzen ihn durch

Osteoid, welches sich im Laufe der Mineralisierung mit Kalk anreichert. Hieraus entwickelt sich dann ein neuer Geflechtknochen [35, 36, 68].

Die desmale Ossifikation (Abb. 1.2, re. Bild): Hier lagern Osteoblasten das Osteoid direkt an die schon bestehende Knochensubstanz an, wobei hierfür als Voraussetzungen stabile Umgebungsbedingungen und eine sehr gute Blutversorgung erforderlich sind [79].

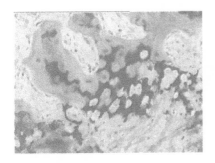 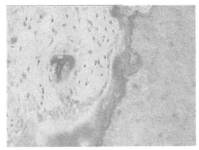

Enchondrale Ossifikation   Desmale Ossifikation

Abbildung 1.2:   Die enchondrale Ossifikation (li.) zeigt den Übergang vom Knorpel zum kalzifizierten Knorpel und Knochen (rechts unten nach links oben)

Die desmale Ossifikation (re.) zeigt die direkte Anlagerung des Osteoids an schon bestehenden Knochen [98, 105]

19

Stadien der Wundheilung: Nach Clark [15, 16] läuft die Wundheilung in drei, sich teilweise überschneidenden, Stadien ab:

I. Entzündungsstadium

II. Granulationsstadium

III. Stadium der Gewebeneubildung bzw. des Remodeling

Diese Stadien werden sowohl bei der primären als auch bei der sekundären Wundheilung durchlaufen, jedoch in unterschiedlich starker Ausprägung:

Im Entzündungsstadium (bis zu 10 Tage) kommt es durch die Einblutung in das traumatisierte Gewebe zur Ausbildung eines Blutpfropfes, welcher für eine ungestörte Wundheilung essentiell ist [37]. Bradykinin und Anaphylatoxine, die von den Komplementfaktoren gebildet werden, erweitern die Kapillaren und machen sie durchlässig [11, 83]. Nun können neutrophile Granulozyten und Makrophagen in das Wundgebiet einwandern und nekrotisches Material entfernen. Durch die Verletzung der Haut steigern die angrenzenden Epidermiszellen - verursacht durch den Verlust der bestehenden Kontakthemmung - innerhalb weniger Stunden ihre Mitoserate [15, 37]. So können Epithelzellen in das verletzte Gebiet einwandern [11]. Dieser Vorgang geschieht amöboid, das heißt: Jede Zelle bildet Pseudopodien aus und bewegt sich durch Fließen des Zellinhaltes weiter. Man findet nun in den Zellen neben Phagolysosomen ein auffallend raues endoplasmatisches Retikulum mit einem gut ausgebildeten Golgi-Apparat. Kontraktile Mikrofilamente, welche sich als „kortikales Band" darstellen, begleiten diesen Vorgang [83].

Zusätzlich werden Wachstumsfaktoren und andere Stoffe zur Einleitung der Granulationsphase freigesetzt, wobei die Wunde zu diesem Zeitpunkt am anfälligsten gegenüber Bakterien ist [11, 15, 83]. Der Übergang zum II. Stadium ist fließend.

Das sich nun bildende Granulationsgewebe besteht vornehmlich aus Makrophagen und Fibroblasten. Die Fibroblasten verhalten sich ähnlich wie die Epithelzellen. Im Ruhezustand unterliegen sie der Kontakthemmung, am Ende der Entzündungsphase beginnen sie amöboid in das Verletzungsgebiet einzuwandern. Hierbei bilden sie neben Kollagen Proteoglykane, Elastin und verschiedene Enzyme. Diese Substanzen werden ungefähr zwei Wochen lang produziert [83]. Zeitgleich mit der Migration der Fibroblasten sprießen kleine

Kapillaren aus den Umgebungsgefäßen in das Entzündungsgebiet ein. Hierdurch wird eine rege Durchblutung mit einer hohen Sauerstoffkonzentration gewährleistet, welche für die weiteren Reparaturvorgänge notwendig ist [83]. Diese neu gebildeten Gefäße und eine extrazelluläre Matrix ersetzten gerade bei Defektwunden das fehlende Gewebe und führen zu einer vorläufigen Verbindung der Wundränder [2]. Das neu gebildete Kollagen stabilisiert die Narbe zunehmend und die von den Rändern einwachsenden Epithelzellen sorgen für eine Bedeckung nach außen [12, 15]. Durch eine radiale Anordnung von Fasern und Matrix wird die Wunde zusätzlich kontrahiert und so verkleinert [15, 37].

Im Stadium III des Remodeling unterliegen nun die extrazellulären Matrixkomponenten (vorwiegend das Kollagen) und das Gewebe einem ständigen Umbau, wodurch die Narbe zunehmend an Stabilität gewinnt [16, 37].

2. ARBEITSHYPOTHESE

Das Entzündungsstadium zu Beginn von Fraktur- und Wundheilung ist eine sehr wichtige, vielleicht sogar entscheidende Phase der Heilung.

Nichtsteroidale Antiphlogistika, so auch Diclofenac, wirken analgetisch, antipyretisch und **antiphlogistisch**. Der Wirkung erfolgt über eine Hemmung der Cyclooxygenase.

Somit stellt sich die Frage: Beeinflusst oder verzögert Diclofenac als ein Medikament aus der Gruppe der NSA die Frakturheilung oder auch die kutane Wundheilung?

Als analgetische Ersatzsubstanz für ein peripher wirksames Analgetikum wurde Tramadol aus der Gruppe der zentral wirksamen Analgetika in diese Untersuchung mit eingeschlossen. Von Seiten des Wirkmechanismus zentraler Analgetika ist eine solche Nebenwirkung mit negativer Beeinflussung der Fraktur- oder Wundheilung bei Tramadol nicht zu erwarten.

Die vorliegende Arbeit soll mögliche Unterschiede im Frakturkallus radiologisch, biomechanisch und histologisch bzw. histomorphologisch aufzeigen. Geklärt werden soll o.g. Frage sowohl in Bezug auf die kortikale Heilung (Frakturheilungsmodell) als auch auf die spongiöse Regeneration des Knochens.

Eine mögliche Beeinflussung der Wundheilung soll histologisch untersucht werden.

3. MATERIAL UND METHODEN

Als Versuchtiere wurden männliche Wistar Ratten gewählt. Bei der Ratte handelt es sich um ein bewährtes Tiermodell für die Untersuchung pharmakologischer Wirkungen [63]. Bei Untersuchungen zu knöchernen Umbauvorgängen werden ansonsten sehr gerne Schafe gewählt [5, 14, 96]. Diese sind jedoch als Wiederkäuer für pharmakologische Untersuchungen oral gegebener Medikamente nicht geeignet, da die Resorptionsvorgänge im Gastrointestinaltrakt sich deutlich von denen beim Menschen unterscheiden.

Durchgeführt wurden zwei getrennte Versuchsreihen (Versuchsreihe A und B).

Versuchsreihe A

Die erste Versuchsreihe diente zur Untersuchung der spongiösen Knochenbruchheilung (Bohrloch am distalen Femur) sowie zur Untersuchung der Wundheilung der Haut im Bereich der Operationsnarben. In Anbetracht der höheren Regenerationspotenz bei der Ratte wurde die Heilungsdauer auf 10 Tage festgelegt.

Versuchsreihe B

In der zweiten Versuchsreihe wurde über ein Frakturheilungsmodell die kortikale Knochenbruchheilung untersucht (Tibiaosteotomie mit anschließender Stabilisierung über einen Marknagel).
Als Frakturmodell diente eine quere, offene Osteotomie der Tibia am Übergang des proximalen zum mittleren Drittel. Dieses Modell gewährleistete standardisierbare und kontrollierbare Versuchsbedingungen. Die Stabilisierung der Osteotomie erfolgte mittels unaufgebohrter Marknagelung mit Kirschnerdraht, der klinisch entsprechenden Methode zur Stabilisierung von Frakturen im Schaftbereich langer Röhrenknochen [57, 95]. Da es sich um eine flexible Fixierung handelt, kommt es sehr rasch zur Bildung eines großen Frakturkallus, welcher

einfach zu untersuchen ist [58]. Eine Rotationsstabilisierung durch Verriegelung muss nicht erfolgen, da bei intakter Fibula eine rotationsstabile Situation vorhanden ist.

Die Tiere in Versuchsreihe B wurden am 21. Tag nach der Operation in Narkose getötet. Unter Beachtung der etwa doppelt so hohen Heilungsgeschwindigkeit im Vergleich zum Menschen und aufgrund der Ergebnisse anderer Studien [1, 92, 114] war zu diesem Zeitpunkt ein möglichst großer Unterschied zu erwarten. Bei zu langer Versuchsdauer besteht die Gefahr, dass Unterschiede in Bezug auf die Frakturheilung nicht mehr nachweisbar sind wegen kompletter Durchbauung auch der Frakturen, die initial nur verzögert geheilt sind.

60 männliche Wistar Ratten (Charles River, Sulzfeld, Deutschland) mit einem Gewicht zwischen 305 und 400g wurden verwendet. Zusätzlich waren 6 Ersatztiere beantragt. Für die Untersuchung der Frakturheilung wurden die Tiere in 6 Gruppen (Versuchsreihe A mit 2 Gruppen; Versuchsreihe B mit 4 Gruppen) zu je 10 Tieren randomisiert zugeteilt.

Der Tierversuch war vorab fristgerecht beantragt und genehmigt worden durch die zuständige Kommission zur Genehmigung von Tierversuchen am Regierungspräsidium Tübingen (Tierversuchsgenehmigung Nr. 648 vom 18.11.1998).

Vorbereitung der Tiere:

Alle Tiere wurden über 2 Wochen vor Versuchsdurchführung an ihre definitiven Käfige und die neue Umgebung gewöhnt. Vor dem operativen Eingriff wurden die Tiere nach dem Gewicht randomisiert und der entsprechenden Gruppe zugeteilt.

Anästhesie und Operationsvorbereitung (Versuchsreihe A und B)

Es wurde eine Inhalationsnarkose eingeleitet und das Operationsgebiet steril vorbereitet. Die Prämedikation erfolgte im Äthglas (ca. 10-14% Äther), das heißt die Tiere wurden vor der eigentlichen Narkose durch Ätherinhalation in Narkose versetzt. Nach Herausnehmen aus dem Ätherglas wurden die Tiere gewogen, markiert und das Ausgangsgewicht registriert.

Die Narkose wurde als Inhalationsnarkose mit 3,5-4 Vol% Desfluran (Suprane®; Fa. Pharmacia & Upjohn, Erlangen) über die Schnüffelmaske durchgeführt. Desfluran wurde trotz des deutlich höheren Preises verwendet, da weitgehend keine Verstoffwechselung in der Leber stattfindet. Somit kommt es beim Operateur (der bei den wiederkehrenden Eingriffen immer wieder geringere Mengen des Inhalationsnarkotikums mit einatmen muss) zu weniger Leberschädigungen als zum Beispiel bei der Verwendung von Halothan.

Der Sauerstofffluss betrug hierbei 1,5 l/min.

Das zu operierende linke, hintere Bein (der distale Oberschenkel in Versuchsreihe A bzw. der Unterschenkel in Versuchsreihe B) wurde nach Säuberung der Haut sorgfältig rasiert und anschließend analog den hygienischen Voraussetzungen für eine Operation am Knochen dreifach steril mit chirurgischer Hautdesinfektionslösung abgewaschen. Das Tier lag in Rücken- bis Rechts-Seitenlage und das Operationsgebiet war mit durchsichtiger Folie steril abgedeckt (Abb. 3.1). Mit dieser durchsichtigen Folie konnten die Vitalfunktionen der Tiere problemlos kontrolliert werden, ebenfalls war es möglich die Narkosetiefe des Tieres zu überwachen und auf eventuelle Veränderungen der Bewusstseinslage zu reagieren.

Abbildung 3.1:   Präoperative Abdeckung der Tiere nach Narkoseeinleitung

3.1. VERSUCHSDURCHFÜHRUNG IN VERSUCHSREIHE A

Es erfolgte die Längsinzision der Haut am distalen lateralen Oberschenkel des linken, hinteren Laufs und schichtweise Präparation mit Darstellung des Femurs. Von lateral wurde eine selbstentwickelte 3-fach Bohrhülse (Abbildung 3.2) aufgesetzt, mit deren Schablone 3 Bohrlöcher mit einem Durchmesser von jeweils 1,1mm gesetzt wurden.

Hierzu wurde - angetrieben durch einen handelsüblichen Zahnarztbohrer (Fa. Ulrich; Ulm) - ein Minifragmentbohrer der Stärke 1,1mm (Fa. Synthes, Umkirch) verwendet.

Im proximalen Bohrloch wurde ein Kirschnerdraht der Stärke 1,0 mm (Fa. Synthes, Umkirch) eingebracht und abgezwickt, dieser erleichterte die spätere Auffindung der in Heilung befindlichen Bohrlöcher.

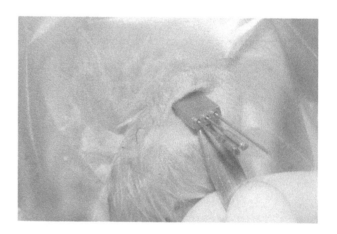

Abbildung 3.2:   3-fach Bohrbüchse

Nach ausgiebiger Wundspülung insbesondere der Bohrlöcher und Kontrolle auf Bluttrockenheit erfolgte der schichtweise Wundverschluss. Die Faszie wurde mit resorbierbarem 5/0 Vicryl-Nahtmaterial verschlossen, während die Haut in Einzelknopftechnik mit 4/0 Monocryl-Nahtmaterial genäht wurde.

Ein steriler Sprühverband (BAND AID, Fa. Johnson & Johnson Medical, Norderstedt) bedeckte die Wunde und schützte sie gegen mögliche Infektionserreger (Abb. 3.3).

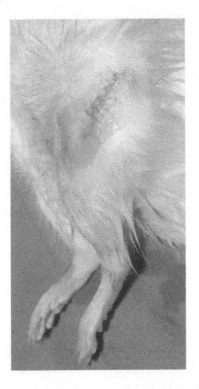

Abbildung 3.3:   Wundverschluss in Versuchsreihe A

Pflaster- oder Folienverbände sind bei der Ratte nicht sinnvoll, da die Tiere Verbände jeglicher Art sofort wieder abbeißen.

Der Sprühverband wurde über den gesamten Versuchszeitraum belassen und musste nicht erneuert werden.

3.2 VERSUCHSDURCHFÜHRUNG IN VERSUCHSREIHE B

Nach Längsinzision der Haut im Bereich der proximalen Tibiavorderkante des linken Hinterlaufes wurde das Tibiaplateau dargestellt (Abb. 3.4a). Vor Setzen der Osteotomie wurde mit einem Kirschner-Draht der Stärke 0.76 mm durch das Ligamentum patellae mittig oberhalb der proximalen Tibiakante eingegangen und der Markraum eröffnet (Abb. 3.4b). Der Kirschner-Draht wurde dann wieder zurück in die proximale Tibia gezogen. Am Unterrand des Ansatzes des Musculus semitendinosus wurde mittels einer Diamanttrennscheibe (Trennscheibe Typ Miniflex, Fa. Orthodontics®; Germersheim: Stärke 0,15mm; Radius 80mm; Körnung 50 µm) mit Trianon-Beschichtung (Abb. 3.5), angetrieben von einem Zahnarztbohrer (Fa. Ulrich; Ulm), eine quere Osteotomie gesetzt. Die Osteotomie erfolgte unter Weichteilschutz und kontinuierlicher Spülung von medial nach lateral exakt rechtwinklig, um Scher- und Translationskräfte im Frakturspalt zu minimieren (Abb. 3.4c). Hierbei wurde sichergestellt, dass die Fibula geschont und die Tibia komplett durchtrennt war.

Nach erfolgter Osteotomie wurde der proximal noch liegende Kirschnerdraht unter Sichtkontrolle erneut in die präformierte Markraumhöhle vorgeschoben. Die Rotationsstabilität, die durch die intakte Fibula gewährleistet war, wurde überprüft. Nach proximaler Kürzung des Kirschnerdrahtes (Abb. 3.4d) erfolgte die Spülung der Wunde mit steriler physiologischer Kochsalzlösung und Kontrolle auf Bluttrockenheit. Anschließend erfolgte der schichtweise Wundverschluss mit fortlaufender Fasziennaht durch Vicryl der Stärke 5.0 (resorbierbar, Fa. Ethicon; Hamburg) und die Hautnaht in Einzelknopftechnik mit resorbierbarem Nahtmaterial (Monocryl der Stärke 4.0, Fa. Ethicon; Hamburg). Zum Abschluss der Operation wurde ein steriler Sprühverband (Band Aid, Fa. Johnson & Johnson) aufgebracht. Dieser bedeckte die Wunde während des ganzen Versuchszeitraumes.

Eine Infektionsprophylaxe mit einem Antibiotikum wurde nicht durchgeführt und ist auch analog den Kriterien für die geschlossene Marknagelung bei der Frakturversorgung des Menschen nicht notwendig [6].

a: Längsinzision der Haut   b: Markraumeröffnung

Abbildung 3.4a-b: Operatives Vorgehen der Tibiaosteotomie in Versuchsreihe B

c: quere Tibiaosteotomie   d: Nagelung der Tibia

Abbildung 3.4c-d: Operatives Vorgehen der Tibiaosteotomie in Versuchsreihe B

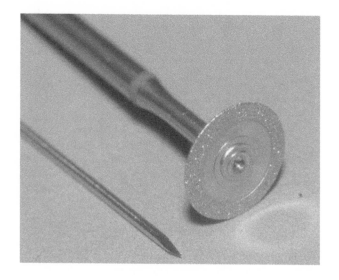

Abbildung 3.5:   Kirschnerdraht der Stärke 0.76mm und Miniflex-Trennscheibe

4. MEDIKAMENTÖSE THERAPIE

Gewählt wurde für alle Medikamente die orale Applikationsform, da diese der humanen Applikationsform entspricht und auch im Tierversuch zu empfehlen ist [108]. Um eine problemlose und sichere Applikation der Medikamente zu gewährleisten, wurde allen Tieren das Medikament zweimal am Tag in selbsthergestellten Geleekügelchen gefüttert.

Herstellung der Geleekügelchen

2 Blatt Gelatine wurden in 100 ml handelsüblichem roten Traubensaft unter leichter Erwärmung aufgelöst. Nach gutem Durchmischen mit der jeweiligen Wirksubstanz wurden Portionen zu je 1 ml mittels Spritze in Vaginalglobuli (Zäpfchenformen) eingefüllt und im Kühlschrank zur Aushärtung gebracht (Abb. 4.1).

Abb. 4.1:   Zäpfchenform und Zutaten zur Herstellung der Geleekügelchen

Vorteil der Vaginalglobuli-Formen ist, dass diese zum Herausnehmen des Geleekügelchens aufgerissen werden können, was die komplette Entnahme erleichtert.

Ähnliche Herstellungen sind in der Literatur beschrieben, und die problemlose Durchführbarkeit der oralen Applikation konnte für Ratten nachgewiesen werden [62, 63].

Dosierung der Medikamente bei der Ratte

Diclofenac: Die Höhe der Dosierung für Diclofenac orientierte sich an der für Menschen klinisch relevanten Dosierung von 2mg/kgKG/Tag des Wirkstoffes Diclofenac-Natrium (entsprechend 150 mg Diclofenac-Natrium als Tagesdosis bei einem 75 kg schweren Patienten).

Um jedoch bei der Ratte humanäquivalente Serumspiegel zu erreichen, war bei oraler Applikation eine Dosierung von 5mg/kgKG/Tag Diclofenac-Natrium erforderlich [8, 25, 64, 69, 82, 112, 115, 126].

Zur Applikation wurde der Wirkstoff Diclofenac-Natrium an ein Harz (Colestyramin) gebunden als Diclofenac-Colestyramin (Voltaren® Resinat). Dies hat eine verzögerte Freisetzung des Wirkstoffes Diclofenac-Natrium zur Folge und somit war nur eine zweimalige Applikation am Tag erforderlich (sog. Depotpräparat). Um die relevante Wirkstoffdosis von Diclofenac-Natrium zu erhalten wurde die Menge an appliziertem Diclofenac-Colestyramin entsprechend dem enthaltenen Wirkstoff angepasst (1mg Diclofenac-Colestyramin enthält eine Wirkstoffmenge von 0,536 mg Diclofenac-Natrium).

Da die Dosierung auf Daten beruht, die bei der Ratte selbst gewonnen worden waren, war davon auszugehen, dass keine Änderungen in der Pharmakokinetik zu erwarten waren. Alle im Weiteren angegebenen Wirkstoffmengen beziehen sich auf den pharmakologisch wirksamen Bestandteil von Diclofenac-Natrium.

Tramadol: Die Dosierung von Tramadol richtete sich nach einer Empfehlung der Toxikologisch-Pathologischen Abteilung der Firma Grünenthal (Aachen, Germany). Nach dortigen Untersuchungen hatten sich nach oraler Tramadolapplikation bei der Ratte – je nach Untersuchungsmodell, Art und Geschlecht der Tiere - ED_{50}-Werte von 15 mg/kg (12-19 mg/kg) bei männlichen

34

bzw. 6 mg/kg (3-8 mg/kg) bei weiblichen Tieren pro Einzelapplikation herausgestellt.

Somit war eine suffiziente analgetische Wirkung in einer Dosierung von 20mg/kgKG/Tag sicher zu erwarten ohne eine Überdosierung zu riskieren.

Die Herstellerfirmen lieferten die Wirkstoffe Diclofenac-Colestyramin als Reinsubstanz (Fa. Novartis GmbH, Nürnberg) und Tramadolhydrochlorid in der Reinform (Fa. Grünenthal; Aachen).

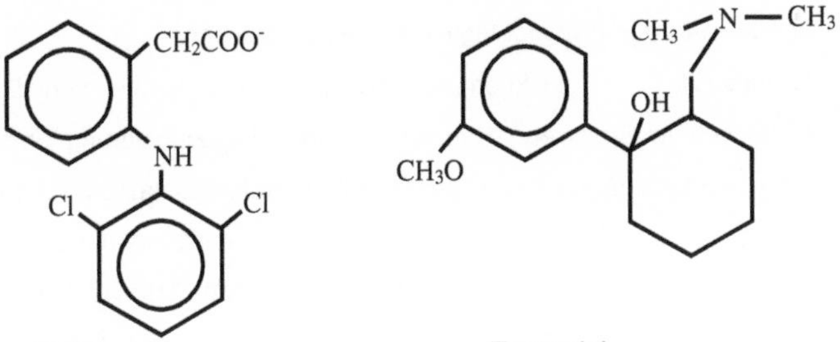

Diclofenac   Tramadol

Abbildung 4.2:   Chemische Formeln der verwendeten Wirkstoffe

Dosierung der Medikamente in den verschiedenen Versuchsgruppen:

Somit ergeben sich in Versuchreihe A 2 Gruppen, in Versuchreihe B 4 Gruppen zu je 10 Tieren, die wie folgt medikamentös therapiert wurden:

Versuchsreihe A:

- Gruppe A 1-P: Kontrollgruppe, kein Zusatz einer Wirksubstanz zum Geleekügelchen (Placebo), Applikationsdauer 10 Tage.
- Gruppe A 2-D: Diclofenacgruppe, Gabe von Diclofenac-Colestyramin (Voltaren® Resinat) in einer Tagesdosierung entsprechend einer Wirkstoffmenge von 5mg/kgKG Diclofenac-Natrium, aufgeteilt auf zwei Einzelgaben (morgens und abends), Applikationsdauer 10 Tage.

35

Versuchsreihe B:

- **Gruppe B 1-P:** Kontrollgruppe, kein Zusatz einer Wirksubstanz zum Geleekügelchen (Placebo), Applikationsdauer 21 Tage.

- **Gruppe B 2-K:** Diclofenacgruppe (Kurzzeit), Gabe von Diclofenac-Colestyramin (Voltaren® Resinat) in einer Tagesdosierung entsprechend einer Wirkstoffmenge von 5mg/kgKG Diclofenac-Natrium, aufgeteilt auf zwei Einzelgaben (morgens und abends), Applikationsdauer 7 Tage, danach 14 Tage zweimal täglich Placebokügelchen.

- **Gruppe B 3-L:** Diclofenacgruppe (Langzeit), Gabe von Diclofenac-Colestyramin (Voltaren® Resinat) in einer Tagesdosierung entsprechend einer Wirkstoffmenge von 5mg/kgKG Diclofenac-Natrium, aufgeteilt auf zwei Einzelgaben (morgens und abends), Applikationsdauer 21 Tage.

- **Gruppe B 4-T:** Tramadolgruppe, Gabe von Tramadol (Tramal®) in einer Tagesdosierung von 20mg/kgKG, aufgeteilt auf zwei Einzelgaben, Applikationsdauer 21 Tage.

Die Erstapplikation der Medikamente erfolgte bei den Tieren postoperativ nach Erwachen aus der Narkose, wobei jedes Tier zur Medikamentenapplikation bei jeder Gabe in einen eigenen Käfig umgesetzt wurde, um die Aufnahme des gesamten Geleekügelchens zu gewährleisten. Das Tier wurde erst wieder umgesetzt in seinen alten Käfig, wenn das gesamte Geleekügelchen gefressen war. Kleinere Geleereste wurden – sofern nötig - mit einem kleinen Spatel gefüttert.

5. AUSWERTUNG

5.1. VERSUCHSREIHE A (BOHRLOCH AM DISTALEN FEMUR)

Die Tötung erfolgte am 10. Tag in exakt der Reihenfolge, in der die Tiere initial operiert worden waren, um eine identische Heilungszeit zu erhalten.

Nach Prämedikation im Ätherglas (10 – 14 Vol% Äther) wurden die Tiere gewogen und erneut in eine Inhalationsnarkose mit Desfluran (Suprane®; Fa. Pharmacia & Upjohn, Erlangen) in 3,5 - 4 Vol% Dosierung bei einem Sauerstofffluss von 1,5 l/min über Schnüffelmaske versetzt (die Narkosedurchführung erfolgte analog zum initialen operativen Versuchsteil). Über eine mediane Laparotomie wurde die Aorta abdominalis freigelegt und auf Bifurkationshöhe 7 ml Blut entnommen. Diese Höhe war gut für die Punktion, da in diesem Bereich die Blutentnahme auch mit einer großvolumigen Kanüle (gelbe Kanüle, Größe 1) möglich ist, so dass eine Hämolyse durch Blutentnahme weitgehend ausgeschlossen werden konnte. Diese Menge von entnommenem Blut führte bei der Ratte zu einem Herzstillstand durch Ausbluten.
Im Anschluss erfolgte zusätzlich noch eine beidseitige Thorakotomie.

Das entnommene Blut wurde unmittelbar gekühlt, zentrifugiert (2500 Umdrehungen/Minute über 15 Minuten bei 4 °C) und das Serum in 2 ml Polypropylen-Kryoküvetten abpipettiert und aufgeteilt. Die Aufbewahrung der Proben erfolgte bis zur späteren Analyse bei minus 80 °C.

Nach erfolgter Tötung wurde die Haut im ehemaligen Operationsgebiet (Abb. 5.1) ausgeschnitten, registriert und in Formalin fixiert (weitere Aufarbeitung siehe unten).
Beide Hinterläufe wurden im Hüftgelenk exartikuliert, registriert und zur Dokumentation der in Heilung befindlichen Bohrlöcher wurde ein konventionelles, hochauflösendes Röntgenbild mit 45 KV und 3mA in 2 Ebenen (anterior-posterior und lateral) beider Seiten des distalen Oberschenkels durchgeführt (43805N

X-Ray-System, Hewlett Packard, Palo Alto, CA, USA). Die contralaterale, nicht operierte Seite wurde als Vergleichsaufnahme mit aufgenommen.

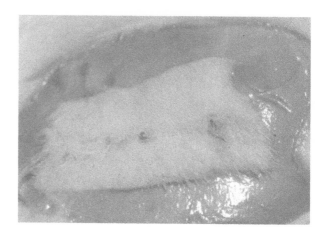

Abbildung 5.1:   Excidierte Haut im Bereich der ehemaligen Operationsnarbe

Zur weiteren Präparation des distalen Femurs wurden alle Weichteile entfernt und der Markierungskirschnerdraht extrahiert. Zur Vermeidung von Austrocknung wurden die Knochen kurzfristig in einer mit physiologischer Kochsalzlösung getränkten Kompresse gelagert, bevor eine Dünnschichtcomputertomographie der Bohrlöcher durchgeführt wurde.

Messung der Knochendichte durch Dünnschichtcomputertomographie

Die Schicht mit den ehemaligen Bohrlöchern wurde radiologisch mit einem Computertomographen (pQ-CT 960; Stratec, Pforzheim, Deutschland) gescannt. Die Lage der Bohrlöcher wurde durch einen Scoutview ermittelt, pro Bohrloch wurde ein zentraler Schnitt mit einer Schichtdicke von 1mm quer zum Femur (also zentral in Richtung des ehemaligen Bohrlochs) gelegt und die Knochendichte ermittelt. Sofern bei einem Tier zwei Bohrlöcher gescannt werden konnten, wurde der Scan in beiden Bohrlöchern durchgeführt und der Mittelwert aus beiden Dichtemessungen gebildet.

38

Aufbereitung der Knochenpräparate:

Nach der CT wurden die Femura in 4% neutraler Formalinlösung (pH 7,0 – 7,4) auf dem Schüttler über mindestens 48 Stunden fixiert. Die Spülung erfolgte anschließend unter fließendem, lauwarmem Wasser für mindestens 3 Stunden bis zur völligen Entfernung des Formalins (Riechprobe). Anschließend wurden die Präparate in einer aufsteigenden Ethanolreihe vollständig entwässert und durch ein lichthärtendes Kunstharz (Technovit VLC 7200, Fa. Kulzer; Wertheim) in 3 Stufen über 30 Tage im Dunkeln infiltriert. Technovit VLC 7200 ist eine Methylacrylatzubereitung auf der Basis von Urethandimetacrylat. Dieses Einbettmedium infiltriert das Präparat gut und besitzt annähernd die gleiche Härte wie Knochen, wodurch Spannungen im Präparat und damit verbundene Brüche oder Ablösungen an der Knochen-Medium-Grenze verhindert werden können.

Die Präparate wurden dann in der luftgekühlten Einbettungsmaschine „Histolux" (Fa. Exakt; Norderstedt) ausgehärtet und planparallel mittels 3-Komponenten-Kleber (Technovit 4000, Fa. Kulzer; Wertheim) aufgeblockt. Im Trennschleifverfahren nach Prof. Donath [22, 23] wurden die Präparate angeschliffen (Trenn-Schleifsystem, Fa. Exakt; Norderstedt) und anschließend mit einem Präzisionskleber (Technovit 7210) auf einen zweiten Objektträger mittels einer Vakuumklebepresse aufgeklebt und mit ultraviolettem Licht gehärtet. Das Präparat wurde als „Sandwich" mit dem Trennschleifsystem gesägt und auf eine Dicke von circa 100 µm Dicke geschliffen und poliert.

Zur Färbung wurden die Präparate mit Methansäure (0,2%; Dauer 1 Minute) oberflächlich leicht geätzt und nach Paragon [94] gefärbt.

Mikroskopische Auswertung der Bohrlöcher

Die Präparate des distalen Femurs wurden mit dem Lichtmikroskop Axiophot (Fa.Zeiss; Oberkochen) in einer Übersichtsvergrößerung dargestellt um die Bohrlöcher zu identifizieren (Abb. 5.2). Über einen zentralen Bereich des Bohrlochs wurde dann bei 200-facher Vergrößerung in einem Raster mit 10x10 Kästchen (10x10 Gitter, Kantenlänge 62,5 µm) die Zahl der neu gebildeten Osteoblasten ausgezählt.

Jedes Bohrloch wurde dreimal ausgezählt, hieraus wurde der Mittelwert gebildet. Sofern zwei Bohrlöcher bei einem Tier im histologischen Schnitt zentral getroffen waren, wurde aus den 6 erfolgten Auszählungen der Mittelwert gebildet.

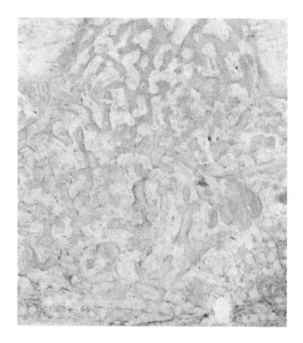

Abbildung 5.2:   Neugebildete Osteoblasten im ehemaligen Bohrloch
                  (nach 10 Tagen Heilung)

Histologische Aufarbeitung der verheilten Operationsnarben

Die ausgeschnittenen, in Formalin fixierten Hautwunden wurden nach stattgehabter Fixierung in Paraffin eingebettet. Im Anschluss daran erfolgte der Schnitt der Präparate senkrecht zur Hautnaht und senkrecht zur Haut, sie wurden entparaffiniert und mit Hämalaun-Eosin nach Romeis [93] gefärbt. Diese Färbung stellt die für solche Fragestellungen geeignete Routine- und Übersichtsfärbung im histologischen Labor dar.

Einen histologischen Schnitt des Narbengewebes zeigt Abbildung 5.3.

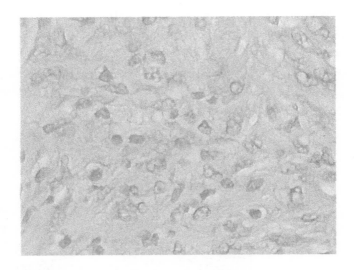

Abb. 5.3:　Narbengewebe im histologischen Schnitt [105]

(zu erkennen sind Fibroblasten und Stränge kollagener Fasern)

Histologische Auswertung der Narben

Pro Tier wurden 18 histologische Schnittpräparate hergestellt und subjektiv in der Heilungsbeurteilung begutachtet. Für die histomorphometrischen Analysen wurden pro Tier 2 Schnitte ausgesucht und ausgewertet.

Anforderung an diese Schnitte war, dass die Narbenzone durchgängig durch alle Schichten und klar abgrenzbar gegenüber der Umgebung war. Weiterhin wurde darauf geachtet, dass keine Artefakte sowie möglichst wenige Haarwurzeln im Untersuchungsgebiet enthalten waren.

Histomorphometrie der Epidermisdicke

Die Präparate wurden mit dem Lichtmikroskop Axiophot (Fa.Zeiss; Oberkochen, Abb. 5.4) in 200facher Vergrößerung dargestellt. Eine daran angeschlossene Videokamera (Fa. Sony; Köln) digitalisierte die Bilder und übertrug sie auf einen handelsüblichen PC.

Mit Hilfe des Bildverarbeitungsprogramms analySIS®3.0 wurden die Dicke der Epidermis im Wund- bzw. Narbengebiet und in einem Bereich mit gesunder Haut gemessen.

Ausgewertet wurden sowohl die absolute Epidermisdicke als auch die Relation der Epidermisdicke im Wundgebiet zur Dicke im gesunden Gebiet. Die Messungen erfolgten in repräsentativen Gebieten der Epidermis.

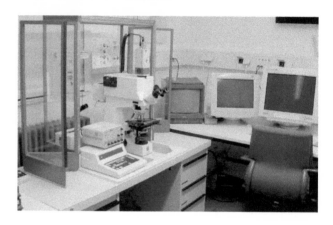

Abbildung 5.4:   Mikroskop Axiophot

(mit angeschlossener Kamera und Bildverarbeitungsanlage)

Zelldichte im Narbengewebe

Unter dem Lichtmikroskop Axiophot wurde in dem klar abgegrenzten Narbengebiet der Dermis die Dichte der Zellen bestimmt. Hierbei wurden bei 400-facher Vergrößerung in einem Raster mit 10x10 Kästchen (Kantenlänge bei dieser Vergrößerung 31,25 µm) die Zahl der Zellen bestimmt und in Relation zur Fläche gesetzt.

Bei diesen Zellen handelte es sich überwiegend um Fibroblasten, einzelne Zelltypen wurden jedoch nicht unterschieden, sondern alle Zellen gezählt. Es wurde das gesamte abgrenzbare Wundgebiet ausgezählt und eventuell vorkommende Haarwurzeln, Entzündungsgebiete und Gefäße aus dem Untersuchungsgebiet ausgeschlossen [105].

5.2. VERSUCHSREIHE B (TIBIAOSTEOTOMIE)

Die Tötung erfolgte am 21. Tag in exakt der Reihenfolge, in der die Tiere initial operiert worden waren, um wiederum eine identische Heilungszeit zu erhalten.

Nach Prämedikation im Ätherglas (10 – 14 Vol% Äther) wurde ebenfalls eine Inhalationsnarkose mit Desfluran (Suprane®; Fa. Pharmacia & Upjohn, Erlangen) in 3,5 - 4 Vol% Dosierung bei einem Sauerstofffluss von 1,5 l/min über Schnüffelmaske durchgeführt (die Narkosedurchführung erfolgte analog zum initialen operativen Versuchsteil).

Es erfolgte über eine mediane Laparotomie die Punktion der Aorta abdominalis und Blutentnahme von 7ml Blut. Dies führte bei der Ratte zu einem Herzstillstand durch Ausbluten, danach erfolgte sicherheitshalber zusätzlich noch eine beidseitige Thorakotomie.

Das Blut der Tiere, welche über 21 Tage mit Diclofenac behandelt worden waren (Gruppe B 3-L) sowie das der Placebogruppe (Gruppe B 1-P) wurde ebenfalls zentrifugiert (2500 Umdrehungen/Minute über 15 Minuten bei 4 °C, entsprechend 1000-facher Erdbeschleunigung) und das Serum in 2 ml Polypropylen-Kryoküvetten abpipettiert und aufgeteilt. Die Aufbewahrung der Proben erfolgte bis zur späteren Analyse bei minus 80 °C.

Nach erfolgter Tötung wurden beide Hinterläufe auf Höhe Femurmitte scharf abgetrennt, registriert und zur Dokumentation der in Heilung befindlichen Tibiafrakturen wurden hochauflösende Röntgenbilder mit 45 KV und 3mA in 2 Ebenen (anterior-posterior und lateral) an beiden Unterschenkeln angefertigt (43805N X-Ray-System, Hewlett Packard, Palo Alto, CA, USA). Die contralaterale, nicht operierte Seite wurde als Vergleichsaufnahme mit abgebildet.

Es erfolgte nun die Freipräparation der gesamten Tibia, alle Weichteile wurden entfernt, der Marknagel wurde extrahiert.

Zur Vermeidung von Austrocknung erfolgte kurzfristig die Lagerung der Tibiae in mit physiologischer Kochsalzlösung getränkten Kompressen bis zur Anfertigung der Dünnschichtcomputertomographie.

Messung der Knochendichte durch Dünnschichtcomputertomographie

Die ehemaligen Osteotomiebereiche wurden radiologisch mit einem Computertomographen (pQ-CT 960; Stratec, Pforzheim, Deutschland) dargestellt. Die Stelle der ehemaligen Osteotomie wurde durch einen Scoutview exakt ermittelt. Der mittlere CT-Schnitt wurde quer zur Tibia gelegt, zusätzlich wurden jeweils 2 Schnitte proximal bzw. distal der Osteotomie angefertigt. Alle 5 Schnitte hatten eine Schichtdicke von 1mm, der gescannte Bereich erstreckte sich über eine Länge von 3 mm. In allen 5 Schnitten wurde die Knochendichte (mg/ccm) ermittelt, die äußere Kallusabgrenzung wurde definiert durch Unterschreiten einer Knochendichte von 100mg/ccm. Aus allen 5 ermittelten Werten wurde der jeweilige Mittelwert gebildet.

Nach Durchführung der CT-Untersuchung erfolgte die biomechanische Prüfung, zur Vermeidung einer Austrocknung wurden die Knochen wiederum kurzfristig in 0.9% Kochsalzlösung eingelegt.

3-Punkt-Biegeprüfung

Als ein Zeichen der mechanischen Stabilität im Bereich der verheilten Tibiaosteotomie wurde eine 3-Punkt-Biegeprüfung in einer Materialprüfmaschine durchgeführt (Zwick 1445, Ulm, Deutschland, Abb. 5.5).

Abbildung 5.5:   3-Punkt-Biegeprüfung der Tibia (Zwick Materialprüfmaschine)

44

Der Abstand zwischen den beiden Auflagepunkten (Stützweite) des Knochens betrug 15 mm. Für die Überprüfung der Biegesteifigkeit [Nmm/mm] wurde eine quasi statische Last (Belastungsgeschwindigkeit V = 1mm/min) angelegt und die Bestimmung der Verbiegung des Knochens erfolgte mit einem separaten Detektor (MT 25, Heidenhein, Traunreut, Deutschland), welcher direkt unter der Osteotomiezone lokalisiert war.

Anschließend wurde als Hauptzielgröße die Maximalkraft (F_{max} [N]) ermittelt bis der Knochen im Osteotomiebereich frakturierte.

Nach erfolgter mechanischer Testung wurden die frakturierten Präparate unmittelbar in einer abgepufferten, neutralen 4% Formalinlösung (pH 7,0-7,4) über 48 Stunden unter kontinuierlicher Schüttelung fixiert.

Histologische Aufarbeitung der Knochenpräparate

Die histologische Aufarbeitung erfolgte ebenfalls wie in Versuchreihe A in der Trenn-Dünnschliff-Technik am unentkalkten Knochen nach Prof. R. Donath [22, 23]. Hierbei wurden zentrale, dorsoventrale Längsschnitte der operierten Tibiae hergestellt.

Die Spülung der in Formalin fixierten Knochenpräparate erfolgte unter fließendem, lauwarmem Wasser für mindestens 3 Stunden bis zur völligen Entfernung des Formalins (Riechprobe).

Anschließend wurden die Präparate in einer aufsteigenden Ethanolreihe vollständig entwässert und in das lichthärtende Kunstharz Technovit VLC 7200 (Fa. Kulzer; Wertheim) in 3 Stufen über insgesamt 30 Tage im Dunkeln infiltriert und eingebettet. Hierzu wurden die im Rahmen der 3-Punktbiegeprüfung frakturierten Präparate erneut anatomisch reponiert. Technovit VLC 7200 ist eine Methylacrylatzubereitung auf der Basis von Urethandimetacrylat.

Die Präparate wurden daraufhin in der luftgekühlten Einbettungsmaschine „Histolux" (Fa. Exakt; Norderstedt) ausgehärtet und planparallel mittels 3-Komponenten-Kleber (Technovit 4000, Fa. Kulzer; Wertheim) aufgeblockt.

In Trennschleiftechnik (Trenn-Schleif-System, Fa. Exakt; Norderstedt) wurden die Präparate angeschliffen und anschließend mit einem Präzisionskleber (Technovit 7210) auf einen zweiten Objektträger mittels einer Vakuumklebepresse aufgeklebt

45

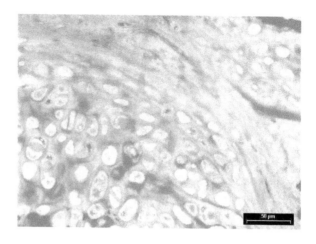

Abbildung 5.9:   Histologisches Bild vom Knorpel der Ratte [105]

Histomorphometrische Auswertung

Initial wurden die Präparate subjektiv beurteilt. Dabei wurde auf die Größe der Knorpelzone, auf vorkommendes Bindegewebe in der Fraktur- bzw. Kallusregion sowie auf eine eventuell vorhandene knöcherne Durchbauung in der Peripherie des Kallus geachtet.

Die Knochenbrücke am äußeren Rand des Kallus stellt zum einen ein Indiz für eine fortgeschrittene Frakturheilung dar, zum anderen hat sie wesentlichen Einfluss auf die Stabilität der Tibia.

Zur histomorphologischen Auswertung wurden die Präparate in der Übersicht mit einer Digitalkamera Coolpix 950 (Fa. Nikon) fotografiert und auf das digitale Bildverarbeitungsprogramm analySIS®3.0 (Soft Imaging System GmbH; Münster) übertragen.

Ermittlung des Diclofenacspiegels im Blutserum

Die Quantifizierung von Diclofenac in den Serumproben erfolgte im Institut für Klinische Pharmakologie der Universität Jena mittels HPLC-Analyse (high performance liquid chromatography) anhand einer „standard operating procedure" (SOP) [28]. Die Serumproben wurden bei -80° Celsius tiefgefroren versandt. Zur Festlegung von Referenzwerten bei der Ratte wurde Serum von unbehandelten Tieren (Placebogruppen A1-P und B1-P) ebenfalls mitgeschickt. Der Diclofenacspiegel wurde sowohl im Rattenserum aus der Versuchsreihe A (Gruppe A2-D) als auch im Serum der Tiere aus Versuchsreihe B (hier aus der Gruppe der über 21 Tage mit Voltaren behandelten Tiere, Gruppe B3-L) bestimmt. Die Proben wurden mittels Flüssig-Flüssig-Extraktion aufgearbeitet: 0,5 ml Serum wurden nach Ansäuerung mit 0,1 ml 1 M HCl mit 5,0 ml Hexan/Isopropanol (99:1) extrahiert. Nach Zentrifugation wurde die organische Phase abgenommen, unter Stickstoff eingedampft und der Rückstand in 100 µl mobiler Phase zur Injektion resuspendiert. Die Wiederfindungsrate betrug 72.1%. Die Abweichung der Konzentrationen im Serum nach 3 Frier-/Tauzyklen betrug <5%.

Die Separation erfolgte bei 30°C mittels einer „reversed phase" Säule (Merck LiChrospherR 100 RP 18, 5µm, 125 – 4) und dem Solvensystem 39,5 Teile Acetonitril/Tetrahydofuran/Methanol (42:7:50) und 60,5 Teile 0,1 M Essigsäure, pH 5,6, bei einer Flussrate von 1,5 ml/min (0-11 min) bzw. 2,0 ml/min (12-20 min). Die UV-Detektion erfolgte bei 280 nm.

Die Validierung der Methode wurde auf der Basis eines Prüfplans mit Qualitäts- und Stabilitätskontrollproben durchgeführt. Die Kalibrierung erfolgte anhand der Analyse von Standard-gespikten Kontrollsera; die Korrelationskoeffizienten der Standard-Regressionsgeraden waren stets > 0,9997. Die Retentionszeit von Diclofenac betrug unter diesen Bedingungen 8,3 min. Die Nachweisgrenze lag bei 2,5 ng/Injektion und die Bestimmungsgrenze bei 5,0 ng/ml Serum. Der Variationskoeffizient der Analysen lag konzentrationsabhängig zwischen 0,4 (2000 ng/ml) und maximal 6,0% (5 ng/ml).

6. STATISTIK

Zur besseren graphischen Darstellung erfolgte die Aufzeichnung der Ergebnisse in Form von Boxplots. In diesen sind jeweils der Median sowie die entsprechenden Quantile (5%, 25%, 75% und 95% Quantil) eingezeichnet. Minimum und Maximum wurden zusätzlich in Form von Punkten angegeben, sofern sie außerhalb des 5% bzw. 95% Quantils lagen. Stimmte das Minimum mit dem 5% Quantil bzw. das Maximum mit dem 95% Quantil überein, wurden die Punkte weggelassen.

Die Auswertung der histologischen Präparate erfolgte nach folgenden Kriterien: Aus den Anteilen von anteriorem und posteriorem Kallus wurde der Mittelwert gebildet, um so einen Wert für das Präparat zu erhalten. Aus diesen Werten der einzelnen Tiere wurde dann der Median der Gruppe in einer Zone gebildet. Bei den Boxplots der histologischen Auswertung wurde der Median mit der Spannweite (Minimum/Maximum) eingezeichnet [105].

Für die Korrelationsanalyse zwischen histologischer Auswertung und biomechanischer Prüfung wurde eine Punktewolke gezeichnet und ein Korrelationskoeffizient nach Bravais-Pearson berechnet.

Um Unterschiede zwischen den einzelnen Tiergruppen zu zeigen wurde der zweiseitige exakte Mann-Whitney-U-Test, ein nichtparametrischer Test, gewählt. Es wurde zum zweiseitigen Signifikanzniveau von $\alpha=5\%$ getestet und nach der Methode von Bonferroni-Holm für multiples Testen adjustiert. Dabei wurden in Versuchsreihe A die Zielgrößen Knochendichte (gemessen im Micro-CT) und Anzahl der neu gebildeten Osteoblasten (im 10x10 Gitter) getestet, so dass in Versuchsreihe A zwei Paarvergleiche (Gruppe A1-P gegen Gruppe A2-D) durchgeführt wurden.

In Versuchsreihe B wurde die Placebogruppe gegen die zwei mit Voltaren behandelten Gruppen anhand der beiden Hauptzielgrößen Knochendichte (gemessen im Micro-CT) und Maximalkraft (gemessen in der 3-Punkt-Biegeprüfung) getestet, so dass insgesamt 4 Paarvergleiche (jeweils Gruppe B1-P gegen Gruppe B2-K bzw. B3-L) mit dem exakten Mann-Whitney-U-Test durchgeführt wurden. Angegeben in den Ergebnissen sind die exakten, nicht adjustierten p-Werte.

Für die Beschreibung der Placebotiere mit versus ohne zusätzliche Fibulafraktur wurde orientierend der exakte Mann-Whitney-U-Test durchgeführt.

Zur statistischen Auswertung wurden die Statistikprogramme StatView, Version 5.0 (SAS Instituts Inc., Cary, USA), und StatXact.5 (Cytel Software Corporation, Cambridge, USA) verwendet. Alle weiteren Datenerhebungen und Berechnungen wurden mit Hilfe des Tabellenkalkulationsprogramms Microsoft Excel (Ver. 2000; Microsoft Inc., USA) durchgeführt.

7. ERGEBNISSE

Postoperativer Versuchsverlauf

Die Haltung der Tiere erfolgte in beiden Versuchreihen identisch in Makrolon-Typ-IV-Käfigen zu 2 oder 3 Tieren. Dies entsprach der Notwendigkeit der Tiere auf gesellschaftliche Nähe, da Ratten nicht alleine in Käfigen gehalten werden sollen. Die Käfige hatten eine Grundfläche von 1800 cm² und eine Höhe von 20 cm. Futter (Altromin 1314 Forti; Fa. Altromin, Lage) und Wasser, welches auf einen pH-Wert von 2,5-3 angesäuert wurde, waren ad libitum zur Verfügung gestellt. Der erniedrigte pH-Wert des Wassers verhinderte eine Keimbesiedlung des Trinkwassers.

Die Umgebungstemperatur betrug 21 +/-1,5 °C bei einer relativen Luftfeuchtigkeit von 55 +/-10 % und 15-facher Luftumwälzung pro Stunde.

Die Unterbringung in neue Käfige erfolgte alle 7 Tage.

Der Sprühverband wurde über den gesamten Zeitraum der Haltung belassen. Es wurden keine Antibiotika zur Infektionsprophylaxe gegeben, und der Gesundheitszustand wie auch die Wunden der Tiere wurde zweimal täglich kontrolliert.

Komplikationen während der Haltung

Während der postoperativen Wundheilung kam es bei keinem der Tiere zu einer Komplikation. Es trat keine Infektion oder Wundheilungsstörung auf.

Auffallend war nur, dass die Tiere der Tramadolgruppe (Gruppe B4-T) aus Versuchreihe B sehr müde und phlegmatisch waren und auch während der Fütterung mehrfach geweckt werden mussten. Ihr Aktivitätsniveau war über den gesamten Tag deutlich vermindert, die Tiere schliefen vorwiegend. Selten standen oder liefen sie im Käfig, was zu einer deutlichen Minderbelastung der operierten Extremität führte.

7.1 ERGEBNISSE DER VERSUCHSREIHE A (BOHRLOCH)

Tierausschluss

Ein Tier der Placebogruppe (A1-P) verstarb bei der Prämedikation im Ätherglas. Ein Tier aus der Diclofenacgruppe (A2-D) erlitt intraoperativ beim Setzen der Bohrlöcher eine Femurfraktur, die mittels Marknagel stabilisiert wurde. Dieses Tier musste ebenfalls aus der weiteren Auswertung der Bohrlöcher genommen werden. Von den verbleibenden 18 Tieren wurden nur Tiere bei der Dichtemessung und Osteoblastenzählung ausgewertet, bei denen die Bohrlöcher absolut quer zum Femur getroffen waren. Nur so konnte sicher ausgeschlossen werden, dass es nicht - bedingt durch tangentiale und schräge Bohrungen - zu Verfälschungen der Ergebnisse wegen überproportional hohem Cortikalisanteil kommt.

Somit konnten 9 Bohrlöcher bei 5 Tieren der Placebogruppe und 12 Bohrlöcher bei 7 Tieren der Diclofenacgruppe ausgewertet werden:

- Placebotiere: n = 5 (Gruppe A1-P)
- Diclofenactiere: n = 7 (Gruppe A2-D)

Gewicht der Tiere

Zu Versuchsanfang wiesen die Tiere ein Gewicht zwischen 310g und 385g (Mittelwert: 347,6g +/-18,7g) auf. Dieses war nach 10 Tagen weitgehend unverändert (Anstieg im Mittel um 3,7g auf 351,3g).
Zwischen den beiden Gruppen war kein Unterschied zu erkennen.

Diclofenacspiegel im Blutserum (Versuchsreihe A)

Die Serumspiegel von Diclofenac (Abb. 7.1) lag nach 10 Tagen Versuchsdauer bei einem Median von 250,0 ng/ml (min/max: 163-306 ng/ml, Standardabweichung 47,7). Im Serum der Placebotiere konnte erwartungsgemäß kein Diclofenac nachgewiesen werden.

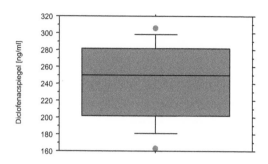

Abbildung 7.1:   Diclofenacspiegel im Rattenserum (Gruppe A2-D) in ng/ml

Messung der Knochendichte durch Dünnschichtcomputertomographie

Die Ergebnisse der Knochendichtemessung im Micro-CT ergab eine deutlich höhere Dichte in der Gruppe der unbehandelten Tiere (Median: 177mg/ccm, min/max: 155,4/260,9 mg/ccm; SD: 45,4) verglichen mit der Gruppe der mit Diclofenac behandelten Tiere (Median: 111,5 mg/ccm, min/max: 104/128 mg/ccm; SD: 9,33). Die Ergebnisse sind in Abbildung 7.2 in Form eines Boxplot dargestellt. Im exakten Mann-Whitney-U-Test für unverbundene Stichproben unterschieden sich die Gruppen mit p=0,0025 (signifikant).

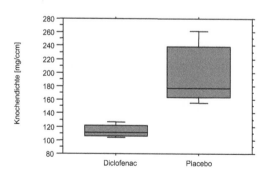

Abbildung 7.2:   Knochendichte in einem Bohrloch in mg/ccm

Neugebildete Osteoblasten in den Bohrlöchern

Die histologische Auszählung der Osteoblasten pro 10x10 Gitter ergab eine deutlich höhere Anzahl an neu gebildeten Osteoblasten in der Gruppe der unbehandelten Tiere (Median: 171,5, min/max: 153/182; SD: 13,9) verglichen mit der Gruppe der mit Diclofenac behandelten Tiere (Median: 73,5, min/max: 67,5/88,5; SD: 8,37). Die Ergebnisse sind in Abbildung 7.3 in Form eines Boxplot dargestellt. Im Mann-Whitney-U-Test für unverbundene Stichproben unterschieden sich die Gruppen mit $p=0,0025$ (signifikant).

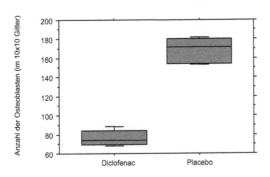

Abbildung 7.3:   Anzahl der neu gebildeten Osteoblasten (im 10x10 Gitter)

Histologie der verheilten Operationsnarben

Zur Auswertung konnten 17 Präparate (9 Diclofenacpräparate, 8 Placebopräparate) herangezogen werden:

- Placebotiere: n = 8 (Gruppe A1-P)
- Diclofenactiere: n = 9 (Gruppe A2-D)

Ein Tier der Placebogruppe (A1-P) verstarb bei der Prämedikation im Ätherglas (siehe oben). Ein Präparat aus der Placebogruppe war wegen eines Fehlers in der histologischen Aufarbeitung nicht brauchbar (A1-P).

Relation der Epidermisdicke im Wundgebiet zur gesunden Haut

In der Relation der Epidermisdicke Narbe zu gesunder Haut zeigte sich kein signifikanter Unterschied zwischen den beiden Gruppen. Während sich in der Placebogruppe ein relativer Wert im Median von 3,8 (min/max: 2,7-10,4) fand, betrug der Median in der Diclofenacgruppe 3,2 (min/max: 2,6-5,2). Ansatzweise war zu erkennen, dass die Tiere der Placebogruppe einen etwas höheren Relationsfaktor bei einer deutlich höheren Streuung aufwiesen als die Tiere der Diclofenacgruppe (Abb. 7.6).

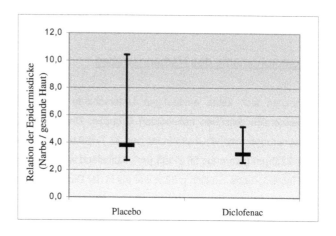

Abbildung 7.6:   Relation Epidermisdicke Wundgebiet zu gesundem Gebiet [105]

Zelldichte im Narbengewebe

Die Auszählung der Zelldichte im Narbengewebe ergab einen relevanten Unterschied zwischen der Placebogruppe und der Diclofenacgruppe (Abb. 7.7)

Die Anzahl der Zellen pro mm² lag in der Placebogruppe bei einem Median von 3940 Zellen pro mm^2 (min/max: 2810-6023 Zellen pro mm^2) während in der

Diclofenacgruppe eine mediane Zellzahl von 3166 Zellen pro mm^2 (min/max: 2189-3706 Zellen pro mm^2) ermittelt wurde.

Hierbei handelte es sich fast ausschließlich um Fibroblasten.

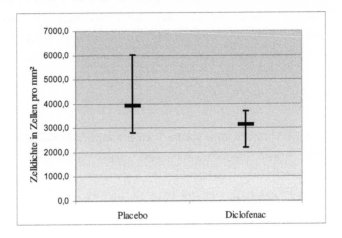

Abbildung 7.7:   Zelldichte im Narbengewebe [105]

7.2 ERGEBNISSE DER VERSUCHSREIHE B (TIBIAOSTEOTOMIE)

Zu Versuchsanfang wiesen die Tiere ein Gewicht zwischen 305g und 400g (Mittelwert: 350,6g +/-26,1g) auf. Dieses war nach 10 Tagen weitgehend unverändert (Abfall im Mittel um -16,25g auf 334,35g +/- 16,8g). Zwischen den vier Gruppen war kein Unterschied zu erkennen.

Ermittlung des Diclofenacspiegels im Blutserum

Der Diclofenac-Serumspiegel der Tiere aus der Diclofenac-Langzeitgruppe (B3-L) ergab einen Median von 294 ng/ml (min/max: 196-429 ng/ml, Standardabweichung: 83,3; Abb. 7.8). Erwartungsgemäß fand sich auch in dieser Versuchsreihe bei den unbehandelten Kontrolltieren kein Diclofenac im Blutserum.

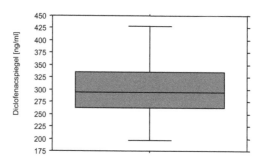

Abbildung 7.8:   Diclofenacspiegel im Rattenserum (Gruppe B3-L) in ng/ml

Konventionelle Röntgenkontrolle

Die hochauflösende radiologische Untersuchung am 21. Tag zu Versuchsende deckte bei 17 Tieren zusätzlich zur Osteotomie der Tibia eine Fraktur der Fibula auf. Dies hatte eine Rotationsinstabilität im Bereich der Osteotomiezone ergeben.

Diese Tiere wurden als eigene Gruppe untersucht (siehe unten), da es sich bei Tieren ohne Fibulafraktur um ein stabiles, bei Tieren mit Fibulafraktur um ein instabiles Frakturmodell handelt (Abb. 7.9).

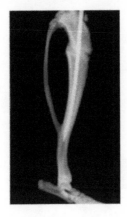 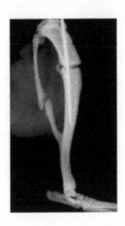

isolierte Tibiaosteotomie   zusätzlich bestehende Fibulafraktur

Abbildung 7.9:   Laterale Röntgenübersichtsaufnahme des li. Unterschenkels

Bei zwei weiteren Tieren zeigte die Röntgenkontrolle eine Dislokation des Implantats und damit verbunden eine Instabilität der Osteotomiezone. Auch diese Tiere mussten komplett aus der Auswertung herausgenommen werden.

Somit verteilte sich die weitere Auswertung der 21 verbliebenen Tiere auf die einzelnen Therapiegruppen wie folgt:

- Placebotiere: n = 5 (Gruppe B1-P)
- Diclofenactiere (kurz): n = 6 (Gruppe B2-K)
- Diclofenactiere (lang): n = 5 (Gruppe B3-L)
- Tramadoltiere: n = 5 (Gruppe B4-T)

Ergebnisse der Knochendichtemessung im Dünnschicht-CT

Bei der Messung der Knochendichte fanden sich in den Gruppen der mit Diclofenac behandelten Tiere deutliche niedrigere Werte verglichen zur Placebogruppe (Abb. 7.10).

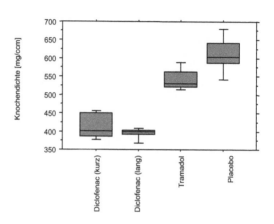

Abbildung 7.10:   Knochendichte im CT (Bereich der ehemaligen Osteotomie)

Während die Placebotiere (B1-P) die höchsten Werte mit einem medianen Dichtewert von 604,2 mg/ccm (min/max: 541,6-680 mg/ccm; SD 50,1) aufwiesen, lagen die Werte in der Tramadolgruppe (B4-T) bei einem Median von 530 mg/ccm (min/max: 514,9-588 mg/ccm; SD 29,5) nur geringfügig niedriger.

Deutlich niedrigere Werte fanden sich bei den mit Diclofenac behandelten Tieren:

Während die Diclofenac-Langzeit behandelten Tiere (Gruppe B3-L) die niedrigsten Werte mit einem medianen Dichtewert von 399,5 mg/ccm (min/max: 368,6-408,4 mg/ccm; SD 15,4) aufwiesen ($p=0{,}0079$ verglichen zu den Placebotieren, signifikant), lagen die Werte in der Diclofenac Kurzzeitgruppe (B2-K) bei einem Median von 401,7 mg/ccm (min/max: 375,8-456,6 mg/ccm; SD 34,0) nur geringfügig höher ($p=0{,}0043$ verglichen zu den Placebotieren, signifikant).

3-Punkt-Biegeprüfung

Im Rahmen der 3-Punkt-Biegeprüfung wurden als Hauptzielgröße die Werte für die Maximalkraft im Bereich der verheilten Tibiaosteotomie ermittelt. Als Nebenzielgröße wurde die Biegesteifigkeit ermittelt, welche ebenfalls orientierend mitbeschrieben ist.

Maximalkraft

Während die Knochen der Placebotiere (B1-P) die höchsten Stabilitätswerte aufwiesen, wobei eine mediane Maximalkraft von 43,7 N (min/max: 27,8-76,7 N; SD 19,0) benötigt wurde, um sie im Osteotomiebereich zu frakturieren, lagen die Werte in der Tramadolgruppe (B4-T) bei einem Median von 38,4 N (min/max: 30,7-49,9N; SD 7,9) geringfügig niedriger.

Deutlich niedrigere Werte fanden sich wiederum bei den mit Diclofenac behandelten Tieren (Abb. 7.11). Während die Diclofenac-Kurzzeit behandelten Tiere (Gruppe B2-K) die niedrigsten Werte mit einer medianen Maximalkraft von 19,75 N (min/max: 11-31,5 N; SD 7,8) aufwiesen (p=0,0087 verglichen zu den Placebotieren, signifikant), lagen die Werte in der Diclofenac-Langzeitgruppe (B3-L) bei einem Median von 23,2 N (min/max: 16,9-37,8 N; SD 3,7) nur geringfügig höher (p=0,0476 verglichen zu den Placebotieren, signifikant).

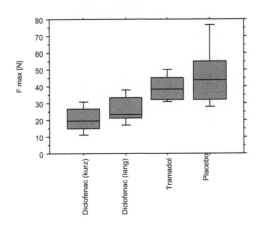

Abbildung 7.11:   Boxplot zur Darstellung der Maximalkraft Fmax [N]

63

Biegesteifigkeit

Auch hier waren die Knochen der Placebotiere (B1-P) die stabilsten mit einer medianen Biegesteifigkeit von 1270 Nmm/mm (min/max: 736-2405 Nmm/mm; SD 611,4) auf, die Werte in der Tramadolgruppe (B4-T) bei einem Median von 992 Nmm/mm (min/max: 689-1251 Nmm/mm; SD 232,1) waren nur geringfügig schlechter.

Deutlich niedrigere Werte fanden sich wiederum bei den mit Diclofenac behandelten Tieren (Abb. 7.12). Während die Diclofenac-Langzeit behandelten Tiere (Gruppe B3-L) die niedrigsten Werte mit einer medianen Biegesteifigkeit von 304,0 Nmm/mm (min/max: 214-871 Nmm/mm; SD 152,1), lagen die Werte in der Diclofenac-Kurzzeitgruppe (B2-K) bei einem Median von 459 Nmm/mm (min/max: 173-1380 Nmm/mm; SD 457) nur geringfügig höher.

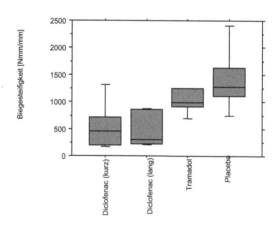

Abbildung 7.12:   Boxplot zur Darstellung der Biegesteifigkeit [Nmm/mm]

Histologische Ergebnisse in Versuchsreihe B

Histologische Aufarbeitung

Bei einem Tier der Diclofenac-Kurzzeitgruppe kam es zu einem Fehler in der histologischen Aufbereitung, weshalb dieses Präparat nicht ausgewertet werden konnte.

Aufbau des Frakturkallus

Makroskopisch hatten alle Tiere einen deutlichen peripheren Kallus im Osteotomiegebiet (Abb. 7.13). Die Frakturen waren auch nach dem Entfernen der Marknägel klinisch stabil, ein Abkippen in der Frakturzone war nicht möglich. Die Kallusbildung war anterior meist stärker ausgebildet als posterior.

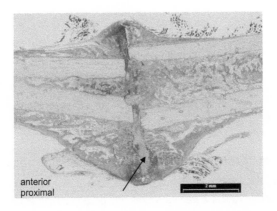

Abbildung 7.13:   Übersicht eines Präparates: Zu erkennen ist der Kallus mit einer Zone aus überwiegend hyalinem Knorpel (→) [105]

Mikroskopisch zeigte sich das typische Bild eines Kallus bei der sekundären Frakturheilung. Der periostale Kallus war in eine Außen- und eine Innenzone zu unterteilen. Sowohl proximal als auch distal bestand die Außenzone aus

Geflechtknochen, unterbrochen durch Bindegewebslakunen. In der Innenzone des Kallus, als Verbindung zwischen den beiden Anteilen aus Geflechtknochen, befand sich eine Schicht aus überwiegend hyalinem Knorpel. Diese Knorpelzone wurde zur Peripherie hin breiter und verlief senkrecht von der Kortikalis weg, meist wich sie jedoch nach proximal oder distal ab. An der Grenze dieser beiden Schichten war der Übergang von Knorpel zu kalzifiziertem Knorpel und dann weiter zu Knochen sehr gut zu erkennen (Abb. 7.14).

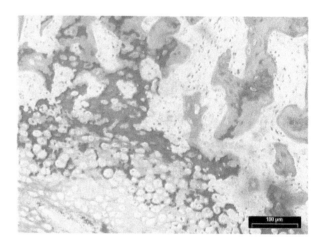

Abbildung 7.14:   Übergang von hyalinem Knorpel (links unten) zu Geflechtknochen (rechts oben) über kalzifizierten Knorpel (dazwischen) [105]

Bei einigen Präparaten war die Knorpelzone außen durch eine schmale knöcherne Überbrückung bereits ersetzt.

Im periostalen Kallus waren vereinzelt neu gebildete Blutgefäße zu sehen.

Im interkortikalen Bereich zeigte sich meist Knorpel. Bei einigen Präparaten waren die Kortikalisenden eng aneinander adaptiert, so dass zwischen ihnen kein Gewebe neu gebildet wurde.

Es war jedoch keine Überbrückung durch Osteone, wie bei der Kontaktheilung unter mechanisch stabilen Bedingungen (primäre Frakturheilung), zu erkennen. Vielmehr waren bei einigen Tieren die Kortikalisenden weiter voneinander entfernt

66

als dies bei exakter Reposition zu erwarten gewesen wäre. Ursächlich ist hier ein Abbau der Kortikalis durch Osteoklasten zu sehen (Abb. 7.15).

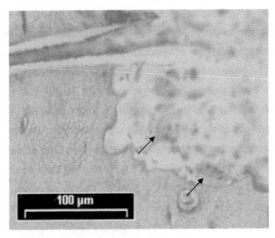

Abbildung 7.15:   Resorption der Kortikalis am Osteotomiespalt durch Osteoklasten (→) [105]

Im endostalen Raum war im Bereich des Frakturspaltes die Struktur des überwiegend aus Fettzellen bestehenden Knochenmarks weitgehend aufgelöst und durch Geflechtknochen ersetzt (Abb. 7.16).

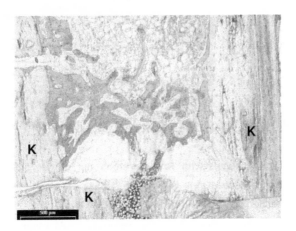

Abbildung 7.16:   Endostale Gewebereaktion auf die Osteotomie. Das Fettmark wurde durch Geflechtknochen ersetzt (K = Kortikalis) [105]

Der Anteil des Knorpels war für alle Zonen in der Gruppe mit Diclofenacapplikation über 21 Tage am höchsten. Die Tramadol- und die Placebogruppe zeigten einen weitgehend gleichen Verlauf, in Zone 3 hatten sie den geringsten Knorpelanteil.

Die Zone 5 war auch hier die interessanteste Zone.

Relevante Unterschiede fanden sich zwischen der Diclofenac-Langzeitgruppe und der Placebo- bzw. Kurzzeitgruppe. Der Knorpelanteil war in der Langzeitgruppe am höchsten, die Tramadolgruppe zeigte die größten individuellen Unterschiede (Abb. 7.19). Auffallend war zudem, dass die Placebo- und die Tramadolgruppe in den mittleren Zonen extrem breite Streubereiche aufwiesen [105].

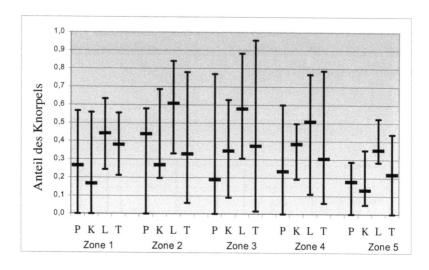

Abbildung 7.19:   Anteile des Knorpels am Gesamtgewebe: Auf der X-Achse sind die Einzelgruppen in den Zonen 1-5 dargestellt (P= Placebo; K= Diclofenac-Kurzzeit; L= Diclofenac-Langzeit; T= Tramadol) [105]

Die Anteile des Bindegewebes zeigten sehr unterschiedliche Verläufe. In der Zone 5, der äußersten Zone, war der Median aller Gruppen fast gleich. Die geringsten Schwankungen im Verlauf von innen nach außen wiesen die Placebogruppe auf (Abb. 7.20). Nachweisbare Unterschiede traten nur in Zone 1 zwischen der kurzzeitigen und langfristigen Diclofenacgabe auf, in den Außenzonen waren kaum Unterschiede zu erkennen [105].

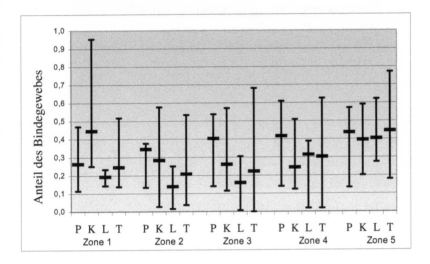

Abbildung 7.20:   Anteile des Bindegewebes am Gesamtgewebe: Auf der X-Achse sind die Einzelgruppen in den Zonen 1-5 dargestellt (P= Placebo; K= Diclofenac-Kurzzeit; L= Diclofenac-Langzeit; T= Tramadol) [105]

Korrelationsanalysen zwischen Histologie und mechanischer Prüfung

Um den Einfluss des Knochenanteils in den Außenzonen des Kallus auf die biomechanische Prüfung zu ermitteln, wurden Korrelationsanalysen angefertigt (Abb. 7.21).

Hierbei wurde deutlich, dass eine hohe Stabilität, gemessen an der Maximalkraft bzw. einer hohen Biegesteifigkeit, mit einem hohen Knochenanteil verbunden ist. Interessanterweise traf der Umkehrschluss jedoch nicht zu.

Ein hoher Knochenanteil war somit eine notwendige, jedoch keine hinreichende Bedingung für eine hohe Stabilität.

Der orientierende Korrelationskoeffizient hierbei betrug jedoch lediglich r=0,24 [105].

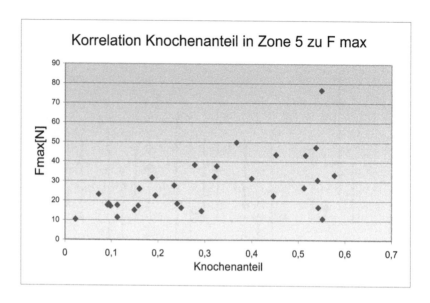

Abbildung 7.21:   Korrelation des histologisch ermittelten Knochenanteils in
Zone 5 gegen die Maximalkraft Fmax[N] [105]

Tiere mit zusätzlicher Fibulafraktur

Wie bereits oben erwähnt, ließen sich die Ergebnisse der Tiere mit einer zusätzlichen Fibulafraktur nicht mit denen einer isolierten Tibiafraktur vergleichen. Sie wurden aus diesem Grund eigenständig ausgewertet. Aufgrund der instabilen Frakturversorgung (fehlende Rotationsstabilität) wird auf eine Einzelbeschreibung der mit Diclofenac behandelten Tiere verzichtet. Hier hatte die Auswertung ergeben, dass die Vergleiche der Diclofenactiere mit und ohne Fibulafraktur nur marginale Unterschiede ergaben (in beiden Kollektiven waren die Frakturen „gleich schlecht" verheilt). So wird im Weiteren der Vergleich auf die Placebotiere mit und ohne Fibulafraktur beschränkt, um zu überprüfen, ob es sich hierbei wirklich um ein deutlich instabileres Frakturmodell handelte.

Um eine ausreichende Zahl an Placebotieren mit Fibulafraktur zu erreichen, wurden 6 Ersatztiere nachoperiert. Ihnen wurde eine zusätzliche geschlossene Fibulafraktur zugefügt, die in der konventionellen Röntgenkontrolle zu Versuchsende verifiziert werden konnte.

Somit kamen folgende Tiere zur Auswertung:

Placebotiere (ohne Fibulafraktur): n = 5 (Gruppe B1-P)
Placebotiere (mit Fibulafraktur):   n = 8 (Gruppe B1-P/F)

Ergebnisse der Knochendichtemessung im Dünnschicht-CT

Bei der Messung der Knochendichte fanden sich in der Gruppe der Tiere mit Fibulafraktur deutliche niedrigere Werte verglichen zur Gruppe der Placebotiere mit isolierter Tibiafraktur (Abb. 7.22).

Während die Placebotiere (B1-P) die höchsten Werte mit einem medianen Dichtewert von 604,2 mg/ccm (min/max: 541,6-680 mg/ccm; SD 50,1) aufwiesen, lagen die Werte in der Gruppe mit Fibulafraktur (B1-P/F) bei einem Median von 418 mg/ccm (min/max: 315,7-487,3 mg/ccm; SD 56,8) deutlich niedriger (p=0,0016).

des Knochens. In der äußersten, biomechanisch wichtigsten Zone war der Knochenanteil in der Placebogruppe am höchsten, gefolgt von der Diclofenac-Langzeitgruppe.

Der Anteil des Knorpels am Gesamtgewebe sank in Richtung der Peripherie des Kallus stetig ab. Die Diclofenacgruppen waren nahezu gleich, in der Placebogruppe fand sich etwas mehr Knorpel als in den anderen Gruppen.

Der Anteil an Bindegewebe wurde in der Peripherie des Kallus immer größer. Wesentliche Unterschiede zwischen den Gruppen bestanden in keiner Zone. Die Placebogruppe besaß durchweg den niedrigsten Anteil an Bindegewebe [105].

8. DISKUSSION

Untersuchungen, die Unterschiede in der Frakturheilung herausfinden sollen, können nur unter vergleichbaren und standardisierten Bedingungen erfolgen. Aus diesem Grund können solche Fragestellungen normalerweise auch nicht an Patienten überprüft werden. Bei diesen sind sowohl die Bruchformen als auch die Umgebungsbedingungen viel zu unterschiedlich, als dass die zum Teil nur marginalen Unterschiede herausgefunden oder gar nachgewiesen werden könnten. Immens hohe Fallzahlen wären hierzu nötig, um je einen statistischen Nachweis zu führen.

Diese Bedingungen können jedoch im Tierversuch bei einem geeigneten Frakturmodell und vertretbaren Fallzahlen erfüllt werden.

Das gewählte Versuchstier

Üblicherweise werden zur Untersuchung der Frakturheilung gerne Schafe verwendet. Für Veränderungen in der Frakturheilung, welche insbesondere auf unterschiedlichen mechanischen Einflüssen beruhen, sind Schafe dem Menschen sehr ähnlich und werden aus diesem Grund für diese Fragestellungen gerne eingesetzt [5, 14, 96]. Werden jedoch Medikamente und ihr Einfluss auf die Frakturheilung untersucht, sind Wiederkäuer als Versuchstiere nicht geeignet, da sich die Resorptionsvorgänge im Gastrointestinaltrakt deutlich von denen des Menschen unterscheiden. Eine orale Medikation wird jedoch in den meisten Studien gefordert, da diese am besten mit der oralen Medikation beim Menschen vergleichbar ist [108, 110]. Dies zeigt sich auch in den meisten bisher publizierten Studien zum Einfluss oraler Medikamentenapplikation auf die Frakturheilung, in denen überwiegend Ratten als Versuchstiere herangezogen wurden [1, 3, 29, 46, 48, 88, 91, 92, 110, 114]. Andere mögliche Tiermodelle sind noch Hasen [53-55, 72, 78, 79] oder Hunde [67].

Für diese Untersuchung wurde die Ratte als Versuchstier ausgewählt. Aufgrund der häufigen Verwendung von Ratten in Studien ist somit auch die Vergleichbarkeit mit anderen Arbeiten deutlich besser gegeben.

Es ist jedoch zu beachten, dass alle Ergebnisse zunächst einmal auf die Ratte beschränkt sind und eine vorbehaltlose Übertragung auf den Menschen nicht zulässig ist. Gerade die höhere Regenerationspotenz bei der Ratte muss beim Übertragen der Ergebnisse auf den Menschen beachtet werden.

Nachteil der Ratte ist, dass aufgrund ihrer Größe das chirurgische Vorgehen deutlich erschwert ist und die auszuwertende Fläche sehr klein ist.

Das Frakturmodell

In dieser Untersuchung wurde ein neues, selbst entwickeltes Frakturmodell verwendet.

Nach wie vor existiert kein allgemeingültiges Frakturmodell zur Untersuchung der knöchernen Heilungsprozesse bei der Ratte. Gerne wird bei diesem Tier das von Einhorn [27] beschriebene Frakturmodell am Femur verwendet. Hierbei wird eine geschlossene Femurschaftfraktur erzeugt, und diese mittels Marknagelung stabilisiert. Dieses Modell hat jedoch drei eklatante Probleme:

1. Die Höhe des erzeugten Weichteilschadens ist nicht verifizierbar bzw. möglicherweise uneinheitlich, eine Standardisierung ist fraglich.

2. Die erzeugten Frakturen sind uneinheitlich und reichen von glatten Querbrüchen über schräge Frakturen hin zu Brüchen mit Biegungskeil oder sogar Trümmerzonen. Von der Frakturheilung beim Patienten weiß man, dass dies völlig unterschiedliche Voraussetzungen in Bezug auf Dauer und Verlauf der Frakturheilung sind.

3. Das Frakturmodell am Femur stellt immer ein instabiles Modell dar, da keine Möglichkeit der Verriegelung der Marknägel gegeben ist und somit alle Frakturen rotationsinstabil versorgt sind. Kommt es bei der Fraktur zudem noch „unglücklicherweise" zu einem Bruch, der sich ev. verzahnt, so würde eine - aufgrund der Verzahnung - rotationsstabile Marknagelung entstehen, die wiederum nicht mit einer instabilen (aus klinischer Sicht insuffizienten) Osteosynthese vergleichbar wäre.

Gegenüber der geschlossenen Femurfraktur bietet eine quere Osteotomie an der Tibia den Vorteil, dass vergleichbare und standardisierte Bedingungen für die Heilung der Frakturen gewährleistet werden können. Zwar handelt es sich um eine operativ gesetzte, „offene" Fraktur mit dem entsprechenden „surgical load", also chirurgisch bedingtem Schaden; sofern jedoch die komplette Versuchsreihe von ein und demselben erfahrenen Operateur durchgeführt wird, ist die Größe des operativen Weichteilschadens weitgehend identisch und somit für alle Tiere vergleichbar und standardisiert. Zwar kommt es bei der experimentell erzeugten, offenen Osteotomie verglichen zur geschlossenen Fraktur immer zu einer größeren Traumatisierung des Periosts, des umgebenden Bindegewebes und zu möglichen Hitzeschäden am Osteotomiespalt, woraus gegenüber der geschlossenen Fraktur eine Heilungsverzögerung resultieren könnte [80]. Da diese Einflüsse aber bei allen Tieren auftreten, ist kein entscheidender Einfluss auf die Unterschiede zwischen den Einzelkollektiven zu erwarten. Darüber hinaus lassen sich gerade die Hitzeschäden durch kontinuierliche Wasserkühlung zum Zeitpunkt der Durchtrennung minimieren.

Entscheidend ist aber, dass durch eine quere Osteotomie an der Tibia dafür gesorgt wird, dass bei allen Tieren identische Frakturen in Bezug auf Art und Lokalisation der Fraktur entstehen. Somit kommen keine komplexen Frakturen wie Trümmerfrakturen oder solche mit Biegungskeil vor. Zusätzlich wird das Auftreten translatorischer und rotatorischer Kräfte, die ebenfalls die Heilung entscheidend beeinflussen können, minimiert, sofern die Fibula als Rotationssicherung unverletzt bleibt.

Die experimentell mittels Osteotomie erzeugten Frakturen wurden in der vorliegenden Arbeit intramedullär mit einem Marknagel stabilisiert. Dies entspricht der klinisch üblichen und am häufigsten verwendeten Methode zur Stabilisierung solcher Frakturen am Unterschenkel bei Patienten [57]. Der Marknagel hat als interner Kraftträger gegenüber einer externen Stabilisierung (Fixateur externe oder Plattenosteosynthese) den Vorteil einer hohen axialen, mechanischen Stabilität, wodurch eine frühzeitige Belastung der betroffenen Extremität zumindest bei Querfrakturen möglich ist [13]. Wird die Extremität zusätzlich belastet, kommt es zu axialen Mikrobewegungen im Bruchspalt, welche zu einer Verbesserung und Beschleunigung der Heilung führen [4].

Weiterhin kommt es seltener zu Komplikationen wie Infektion oder Pseudarthrosenbildung [7]. Auch fällt die Möglichkeit der externen Stabilisierung mittels Fixateur externe aus, da sich die Tiere während der postoperativen Haltung möglicherweise verletzen würden.

Die Tibiamarknagelung in unaufgebohrter Technik wurde gewählt, da sie die endostalen Gefäße schont und so weniger Knochennekrosen und Hitzeschäden verursacht. So wurde die Marknagelung mittels dünner Kirschnerdrähte durchgeführt, wobei in anderen Untersuchungen zur Marknagelung der Rattentibia die Verwendung von Kirschnerdrähten mit Durchmessern zwischen 0,24 mm [48] und 1,6 mm [46] beschrieben wurde.

Eigene Voruntersuchungen an der Tibia von toten Ratten zeigten, dass bei Tieren mit einem Gewicht zwischen 300g und 400g ein Kirschner-Draht mit einem Durchmesser von 0,76 mm ideale Voraussetzungen in Bezug auf einerseits ausreichende Stabilität, andererseits auch eine möglichst geringe Verletzung der endostalen Strukturen bringt.

Bei der Behandlung von Patienten besteht die Möglichkeit, einen Marknagel statisch oder dynamisch zu verriegeln, was vor allem zu einer Rotationsstabilität führt. Diese Möglichkeit kommt bei der Ratte nicht in Betracht, da kein geeignetes Implantatmaterial existiert. Diese Rotationssicherung musste in der vorliegenden Untersuchung durch eine intakte Fibula gewährleistet werden. Es blieb nun zu überprüfen, ob diese zusätzliche Fibulafraktur wirklich einen Einfluss auf die Frakturheilung der Tibiaosteotomie hatte.

Einfluss einer Fibulafraktur auf die Heilung

Am Ende des Versuchszeitraumes zeigten einige Tiere eine zusätzliche Fraktur der Fibula. Wodurch diese zustande kam, lässt sich rückblickend nicht sicher feststellen. Möglich ist, dass die Fibula während des chirurgischen Vorgehens verletzt wurde. Denkbar ist dies zum Zeitpunkt, wenn der sehr zarte Rattenunterschenkel für die Marknagelung manuell stabilisiert werden muss. Bereits ein leichter Druck mit dem Finger reicht hier aus, um eine Fibulafraktur zu erzeugen. Aber auch eine Fraktur der Fibula während der postoperativen Phase ist denkbar. Der Zeitpunkt dieser zusätzlichen Frakturentstehung ist jedoch von geringer Relevanz. Fakt ist, dass dies zu einer instabilen Situation in der Frakturzone führte, egal zu welchem Zeitpunkt der Untersuchung. Es kam zu Rotations- bzw. Scherbewegungen, die eine zeitgerechte Heilung verhinderten oder zumindest deutlich verzögerten. Dies wurde bereits in der Literatur [47] beschrieben und wurde auch in diesem Versuch deutlich.

Die biomechanischen Untersuchungen sowie die Messung der Knochendichte ergaben relevant schlechtere Ergebnisse bei den Tieren mit zusätzlicher Fibulafraktur.

Somit beeinflusst die Stabilität der Fibula die Frakturheilung wesentlich, was bei Untersuchungen zur Frakturheilung der Tibia unbedingt beachtet werden muss. Aus diesem Grund ist bei diesem oder ähnlichen Frakturmodellen zu Versuchende unbedingt eine konventionelle Röntgenuntersuchung zu fordern, um nachzuweisen, ob eine zusätzliche Fibulafraktur bestand oder nicht.

Hieraus ergeben sich aber auch zwei sehr schöne und miteinander vergleichbare Frakturmodelle: Ein stabiles Frakturmodell, in dem lediglich eine Tibiaosteotomie durchgeführt wird - die Rotationsstabilität ist durch die intakte Fibula gegeben -, sowie ein instabiles Frakturmodell, hier wird zu Operationsende zusätzlich eine geschlossene Fibulafraktur (diese lässt sich ganz einfach mit leichtem Druck zwischen zwei Fingern durchführen) gesetzt.

Das Wundheilungsmodell

Für die Untersuchung der Wundheilung existieren im Augenblick vor allem zwei etablierte Modelle. Zur Untersuchung der primären Wundheilung wird die gerade Hautwunde, welche durch Naht verschlossen wird, verwendet [18, 24, 84]. Zur Untersuchung der sekundären Heilung können Exzisionswunden erzeugt werden [17]. In dieser Arbeit wurde nur die primäre Wundheilung untersucht, da diese von klinischer Relevanz ist; die sekundäre Wundheilung ist bei dieser Fragestellung nebensächlich und insbesondere besteht die Gefahr, dass im Tierversuch Defektwunden durch die Ratten selbst so beeinflusst werden, dass die Vergleichbarkeit nicht mehr gegeben ist. Somit wurden mit diesem Wundmodell Voraussetzungen geschaffen, wie sie auch bei der chirurgischen Wundbehandlung bestehen.

Die Versuchsdauer

Die Versuchsdauer in einem Tierversuch festzulegen, insbesondere wenn es sich um ein neu entwickeltes Modell handelt, ist immer schwierig. Beim Frakturmodell musste darauf geachtet werden, dass die Heilung zum einen weit genug fortgeschritten war um eine biomechanische Testung zu ermöglichen. Zum anderen bestand jedoch bei zu langer Versuchsdauer die Gefahr, dass auch die verzögerte Heilung bereits abgeschlossen sein könnte und keine Unterschiede zwischen den Gruppen mehr nachzuweisen waren. Die bisher veröffentlichten Untersuchungen zur Frakturheilung gehen von unterschiedlichen Heilungszeiten aus. In Studien an Ratten gingen die Versuchszeiträume von 6 bis zu 122 Tagen, Ro [92] konnte jedoch zeigen, dass in einer unbehandelten Kontrollgruppe der Kallus am 24. Tag vollständig überbrückt war. Auch Tornkvist [114] und Allen [1] fanden nach 21 Tagen eine weitgehende Durchbauung in ihren Kontrollgruppen. Somit war nach 21 Tagen zu erwarten, dass signifikante Unterschiede (sofern sie bestehen würden) zu diesem Zeitpunkt nachzuweisen waren.

Die Möglichkeit, dass histologische Unterschiede bei dieser Fragestellung zu einem anderen Zeitpunkt deutlicher nachzuweisen sind (beispielsweise in der Frühphase), musste in Kauf genommen werden, da die biomechanische Prüfung als Hauptzielgröße die wichtigsten Informationen erwarten ließ.

Für die Auswertung der neu gebildeten Osteoblasten in der Spongiosa ist nur ein deutlich kürzerer Zeitraum erforderlich.

Ähnlich wie bei der Wundheilung war zu erwarten, das nach 21 Tagen weitgehend die Neubildung der Osteoblasten abgeschlossen ist, zumindest marginale Unterschiede sind zu diesem Zeitpunkt nicht mehr nachzuweisen. Wie bei den Fibroblasten, die um den achten bis zwölften Tag zu proliferieren beginnen und extrazelluläre Matrix bilden, ist dies auch für die Osteoblasten zu erwarten. In diesem Zeitraum sind somit auch die deutlichsten Unterschiede sowohl bei den Fibroblasten [65] wie auch den Osteoblasten [106] zu erwarten. In Zusammenschau mit der zu erwarteten Heilung der Haut und den neu gebildeten Osteoblasten in den Bohrlöchern wurde für diesen Studienteil somit eine Heilung von 10 Tagen als adäquat angesehen.

Wirkstoffe, deren Applikationsform und Dosis

Wegen der besseren Vergleichbarkeit zum Menschen war die orale Gabe angestrebt worden und notwendig. Um diese Form der Applikation nicht über eine zweimal pro Tag gelegte Magensonde durchführen zu müssen (eine nicht besonders tiergerechte Art), musste der Wirkstoff so „verpackt" werden, dass einerseits die schnelle Aufnahme, vor allem aber die komplette Aufnahme sicher gewährleistet werden konnte. Hier war die Idee der englischen Forschergruppe um Liles und Flecknell aufgegriffen worden [31, 32, 62, 63], die ihre Medikamente in Fruchtgelee eingepackt appliziert hatten. In Anlehnung an diese Arbeiten wurden aus 100ml handelsüblichem roten Traubensaft, welcher mit 2 Streifen Gelatine versetzt worden war, Geleekügelchen zu je 1ml hergestellt und im Kühlschrank ausgehärtet. Die Konsistenz dieser Kügelchen war ideal um von den Tieren problemlos gefressen zu werden. Um eventuell denkbare positive Einflüsse von der Gelatine auf die Knochenheilung sicher auszuschließen, wurden auch die Kontrolltiere mit Placebopräparaten gefüttert. Damit sich die Tiere nicht im Käfig gegenseitig die Kügelchen wegfressen konnten, wurde festgelegt, die Tiere zu jeder Medikamentenaufnahme einzeln in einen leeren Käfig umzusetzen, so konnte die komplette Aufnahme kontrolliert und überwacht werden.

Die Höhe der Medikamentendosierung wurde aus Literaturdaten übernommen. Bei Diclofenac hatten Studien gezeigt, dass bei der Ratte - um vergleichbare pharmakologische Daten zum Menschen zu erhalten- eine 2,5fache Dosis notwendig ist [25, 82, 126]. Aus diesem Grund wurden 5mg/kgKG/Tag Diclofenac-Natrium verabreicht, umgerechnet auf ein mittleres Tiergewicht von 350mg. Diese Dosis bezog sich auf die für den Menschen relevante Dosierung von 150mg/Tag Diclofenac (analog 2mg/kgKG). Wichtig war, dass keinesfalls deutlich höhere Serumspiegel als beim Menschen erreicht wurden, um nicht Gefahr zu laufen, mit einer Überdosierung Effekte zu erzielen, die unter normaler Dosis nie stattgefunden hätten.

Die spätere Analyse der Serumwerte von Diclofenac in den bei der Tötung entnommenen Blutproben zeigte eindeutig, dass sich die Tiere mit dieser Dosierung und Applikationsform zum Zeitpunkt der Tötung im therapeutisch erwünschten, eher unteren Bereich befanden. Die mediane Serumkonzentration betrug nach 10 Tagen 250 ng/ml (SD: 47,9). Nach 21 Tagen lag der mediane Wert mit 294 ng/ml bei einer Standardabweichung von 83,8 ng/ml nur geringfügig höher. Im Vergleich dazu liegt die mittlere Konzentration beim Menschen bei der für den Menschen relevanten Dosierung von 2mg/kgKG/die bei ca. 400 ng/ml [19]. Da die Aufsättigung mit Diclofenac über 21 Tage erfolgte und ein Resinat-Präparat verwendet wurde, kann man davon ausgehen, dass die Tiere während der überwiegenden Zeit diesen bzw. einen ausreichenden, sicher aber nicht zu hohen Wirkspiegel besaßen.

Die Dosierung von Tramadol richtete sich nach einer Empfehlung der Toxikologisch-Pathologischen Abteilung (Herr Dr. Matthiesen) der Firma Grünenthal. Nach dortigen Untersuchungen hatten sich nach oraler Tramadolapplikation bei der Ratte - je nach Untersuchungsmodell, Geschlecht und Rattengewicht - ED_{50}-Werte zwischen 6 mg/kg (3-8 mg/kg) und 15 mg/kg (12-19 mg/kg) für die Einzelapplikation herausgestellt. Somit war eine suffiziente analgetische Wirkung bei unseren männlichen Ratten (die höhere Dosierungen benötigen als die weiblichen Tiere) mit einem Gewicht von 300-400g mit 20mg/kg KG/die, aufgeteilt auf zwei Applikationszeitpunkte - morgens und abends - sicher zu erwarten (schriftliche Mitteilung der Firma Grünenthal). Der Wirkspiegel von Tramadol wurde nicht kontrolliert, da dies in Erwartung der Ergebnisse als irrelevant angesehen wurde. In Anbetracht des lethargischen Verhaltens der Tiere, die überwiegend schliefen, ist davon auszugehen, dass auch hier ein ausreichender Wirkspiegel vorhanden war. Eine starke Überdosierung ist eher unwahrscheinlich, da keines der Tramadoltiere durch dosisrelevante Nebenwirkungen verstarb

Diskussion der Einzelergebnisse

Knochendichte im CT und Biomechanische Prüfung: Die Placebogruppe zeigte die höchste Knochendichte im CT. In beiden Versuchsreihen war die gemessene Knochendichte bei den Placebotieren signifikant höher als die der mit Diclofenac behandelten Tiere. Ähnliche Ergebnisse, wenn auch nicht ganz so deutlich, zeigten sich bei der biomechanischen Prüfung. Auch hier war die Stabilität der Knochen, gemessen an der Hauptzielgröße Maximalkraft, bei den mit Diclofenac behandelten Tieren deutlich vermindert. Ähnliche Ergebnisse zeigte auch die Nebenzielgröße Biegesteifigkeit aus der biomechanischen Prüfung.

Wenn auch keine Pseudarthrose vorliegend war (was zum Zeitpunkt der Versuchsauswertung definitionsgemäß auch noch nicht vorliegen konnte), kann aufgrund dieser Ergebnisse eindeutig auf eine Verzögerung der Frakturheilung rückgeschlossen werden.

Umso interessanter sind dabei die uneinheitlichen histologischen Ergebnisse:

Histologische Auswertung: Hierzu wurde ein semiquantitatives Verfahren zur Bestimmung der Gewebezusammensetzung im Kallus verwendet. Die Anordnung in 5 Zonen stellt die Modifikation eines schon verwendeten Verfahrens [5] dar, welches den mittleren Bereich des Kallus entlang der vermeintlich schwächsten Linie auswertet. Entlang dieser Linie ist das morphologische Korrelat der biomechanischen Festigkeit, gemessen durch die Maximalkraft und die Biegesteifigkeit, zu erwarten. In der verwendeten Modifikation lag ein Schwerpunkt der Auswertung auf der Entfernung von der Kortikalis. Nach den Gesetzen der Mechanik nimmt die Stabilität eines Rohres, in diesem Fall des Knochens, mit dem Radius zu, so dass der Außenbereich des Kallus für die mechanische Stabilität deutlich wichtiger ist als der Innenbereich. Zudem beginnt die knöcherne Überbrückung des Kallus im Außenbereich, so dass sich eine Heilungsverzögerung zuerst dort auswirken müsste.

In der hier durchgeführten semiquantitativen Analyse wurde jedoch immer ein unterschiedlich großer Randbereich mit ausgewertet, welcher selbst keine Unterschiede zwischen den einzelnen Gruppen aufwies und somit die marginalen Unterschiede im Gesamtergebnis verminderte.

Für die histologische Auswertung der Frakturheilung gibt es bisher kein allgemein gültiges Standardverfahren. Auch gibt es kein beschriebenes Verfahren, das eine potentielle Heilungsverzögerung histologisch semiquantitativ oder quantitativ beschreibt. Alle bisher durchgeführten Studien stützten sich auf eine subjektive Einteilung in verschiedene Heilungsgrade. Entweder wurde das histologische Bild nur beschrieben [92, 103, 111] oder die Präparate wurden in verschiedene Heilungsstadien eingeteilt um daraus eventuell signifikante Unterschiede zu bestimmen. Die Einteilung erfolgte in Form einer 5-Punkte [1] - oder 10-Punkte-Skala [3, 48], diese Ergebnisse wurden anschließend statistisch beurteilt.

In unserer histologischen Untersuchung konnten vergleichbare Unterschiede nicht in allen Punkten nachgewiesen werden, dies kann verschiedene Ursachen haben. Im Gegensatz zur biomechanischen Prüfung wurde histologisch nur eine Schicht untersucht. In dieser Schicht können sich durchaus Abweichungen vom Gesamtpräparat ergeben. Gerade bei kleinen Fallzahlen werden diese Abweichungen nicht immer ausgeglichen.

Die Biomechanik misst eindeutig das schwächste Glied der Kette; dies kann histologisch bei weitem nicht so gut erfasst werden. Histologisch werden immer Randbereiche mit ausgewertet, welche auf die Knochensteifigkeit keinen großen Einfluss haben, welche die Relevanz der Ergebnisse aber wesentlich verändern können.

Die durchgeführte Korrelationsanalyse stellte einen Versuch dar, die Ergebnisse der biomechanischen Prüfung mit der Histologie in Einklang zu bringen.

Hier zeigte sich, dass einen hohe mechanische Festigkeit (egal ob in Bezug auf die Maximalkraft oder die Biegesteifigkeit) einen hohen Knochenanteil bedeutet; bei einem Korrelationskoeffizienten von r=0,24 war jedoch kein starker linearer Zusammenhang erkennbar.

Interessanterweise ist der Umkehrschluss, nämlich dass ein hoher Knochenanteil in der Außenzone des Kallus mit einer hohen mechanischen Festigkeit einherging, nicht richtig. Diese Erkenntnis war unter anderem verantwortlich für die schlechte Korrelation der histologischen zur biomechanischen Prüfung. Somit sollten Ergebnisse von Studien zur Knochenregeneration in Frakturmodellen absolut in Frage gestellt werden, solange die Daten nur histologisch bzw. histomorphometrisch ausgewertet wurden und keine zusätzliche biomechanische Prüfung der Präparate durchgeführt wurde.

86

Auch zu den Ergebnissen der CT konnte kein morphologisches Korrelat in der histologischen Untersuchung gefunden werden. Dies könnte darin begründet sein, dass die CT-Schnitte Querschnitte durch den Kallus sind, während es sich bei den histologischen Schnitten um Längsschnitte handelt. Die Computertomographie erfasst bei einer Schichtdicke von 1mm die gesamte Heilungszone. Im histologischen Schnitt wird lediglich eine Dicke von 70 µm ausgewertet, was zu einem nicht unerheblichen Fehler in der Stichprobenerhebung („sampling error") führen kann.

Da gerade die biomechanischen Ergebnisse sehr gut mit der Knochendichte im CT korrelierten, dürfte auch hier die Validität der Histologie zurückstehen müssen.

Interessant ist auch das etwas schlechtere Abschneiden der Tramadoltiere gegenüber den Placebotieren sowohl in der biomechanischen Testung als auch im CT. Diese Unterschiede waren in Bezug auf die Knochendichte im CT am höchsten (604 mg/ccm vs. 530 mg/ccm). Die wahrscheinlichste Erklärung für die schlechtere Heilung der Tramadoltiere ist die deutlich verminderte Belastung der Extremität: Bedingt durch die zentralen Nebenwirkungen von Tramadol mit überaus hohem Schlafbedürfnis der Tiere, haben diese sich sehr wenig bewegt, was zu einer deutlichen Minderbelastung der operierten Beine gegenüber den wesentlich agileren Placebotieren geführt hatte.

Diese Ergebnisse reproduzieren gut die Ergebnisse von Augat, wonach es bei zusätzlicher Belastung der Extremität zu axialen Mikrobewegungen im Bruchspalt kommt, was wiederum zu einer Verbesserung und Beschleunigung der Heilung führt [4]. Auch Müller [70] konnte in Untersuchungen an der Ratte zeigen, dass nach Frakturen eine Akzeleration der Bildung von Lamellenknochen am Gesamtskelett stattfindet. Hierbei wurde nachgewiesen, dass eine Immobilisation der frakturtragenden Extremität eine Zunahme der Knochenmasse (sog. „Systemisches Akzeleratorisches Phänomen") verhindert.

Auch aus dem klinischen Alltag ist dies ein bekanntes Phänomen: Wird ein in Heilung befindlicher Knochen nicht belastet, heilt er deutlich schlechter und langsamer.

Histologie der Wundheilung

In der histologischen Auswertung zur Wundheilung gibt es bisher kein Standardverfahren. Meist wurde das histologische Bild nur beschrieben, quantitative Parameter wurden jedoch selten erfasst [65, 106, 116]. In einigen Untersuchungen war die Größe der Defektwunde ein quantitativer Messparameter [12, 106] oder aber es wurden die epitheliale Regeneration, die Granulation und die Neovaskularisation ausgewertet [101].

In dieser Untersuchung wurde als quantitativ zu messender histologischer Parameter die Zelldichte im Narbengewebe bestimmt. Aus dieser konnte auf die Aktivität der für Reparaturvorgänge im Rahmen der Wundheilung zuständigen Zellen rückgeschlossen werden. Da die Zellen überwiegend Fibroblasten waren und diese direkt am Narbenaufbau beteiligt sind, wurde ihre Anzahl als ein Indiz für die Stärke der Bindegewebsreaktion gewertet. Somit wurde über ihre Dichte im Narbenbereich indirekt die Stabilität des Narbengewebes abgeschätzt, auch wenn keine mechanische Testung durchgeführt wurde.

Die epitheliale Bedeckung durch die Epidermis bildet die äußere Schutzschicht des Gewebes. Eine schnelle Wiederherstellung senkt die Gefahr einer Wundinfektion oder Wundheilungsstörung. Relevante Unterschiede fanden sich nicht. Auffallend war nur eine geringe Erhöhung des Relationsfaktors (Epidermisdicke im Narbenbereich zur gesunden Haut) bei den Placebotieren bei deutlich größerer Streubreite verglichen zu den mit Diclofenac behandelten Tieren (Abb. 7.6 auf S. 58). Dies könnte möglicherweise Ausdruck einer besseren epithelialen Bedeckung der Wunde sein, aber auch durch eine dünnere gesunde Epidermis begründet werden.

Fazit: Im Rahmen dieser Arbeit wurde erstmals der Einfluss von Diclofenac auf die Frakturheilung biomechanisch, mittels Knochendichtemessung radiologisch und histologisch mit einer semiquantitativen, histomorphologischen Methode überprüft. Eine Heilungsverzögerung konnte hierbei eindeutig – zumindest was die Biomechanik und Knochendichte angeht - nachgewiesen werden.

Die Applikation über 7 und 21 Tage in den beiden Diclofenacgruppen gibt einen groben Anhaltspunkt, zu welchem Zeitpunkt die Hemmung stattfand. Es ist aufgrund der ermittelten Daten davon auszugehen, dass die Heilungsverzögerung unter NSA-Gabe bereits zu einem sehr frühen Zeitpunkt einsetzt. Dies entspricht auch der vorhandenen Datenlage in der Literatur [29, 88, 91]. Diese Erkenntnis ist umso wichtiger, da in der klinischen Anwendung der Schmerztherapie die Kurzzeitgabe am häufigsten vorkommt, da Diclofenac oder andere NSA gerade in den ersten beiden postoperativen bzw. posttraumatischen Wochen eingenommen werden.

Vergleich mit der Literatur: Hemmen NSA die Frakturheilung?

Die meisten Untersuchungen zum Einfluss von NSA auf die Frakturheilung verwendeten Indometacin, ein äußerst potentes NSA [1, 29, 46, 53, 67, 91, 92, 110, 111]. Das Spektrum der Arbeiten reichte hier von der klinischen Fallstudie an einem Patienten [111] über Tierversuche mit sehr groben Beurteilungsparametern [110] bis hin zu placebokontrollierten, tierexperimentellen Untersuchungen mit biomechanischer Testung [46] oder radiologischer Auswertung [29, 46, 67]. Im Rahmen dieser Studien wurden zum Teil auch zusätzliche Einflüsse durch eine lokale Applikation des Wirkstoffes [29] oder aber durch eine inkomplette Osteotomie [46] untersucht. Dabei wurden die verschiedensten biomechanischen, histologischen oder radiologischen Messparameter verwendet.

Die Ergebnisse dieser Publikationen zeigten kein einheitliches Bild. Die Arbeiten kamen überwiegend zu dem Ergebnis, dass Indometacin und auch andere untersuchte NSA die Frakturheilung hemmen. Dies konnte biomechanisch meist eindeutig nachgewiesen werden [3, 46], teilweise war ein eindeutiger Nachweis auch nicht möglich [88]. Manche histologische Untersuchungen zeigten signifikante Unterschiede [1, 78], bei anderen waren jedoch keine eindeutigen Unterschiede nachweisbar [48].

Ein Vergleich der vorhandenen Arbeiten untereinander ist sehr schwierig, da sich die verwendeten Messparameter, Frakturmodelle, Versuchstiere und Auswertungsmethoden sehr stark voneinander unterscheiden. Auch wurden in einem Teil dieser Studien Parameter und Versuchsbedingungen verwendet, die nicht immer nachvollziehbar waren. Aus diesen Studien ließ sich aber folgern, dass NSA (insbesondere Indometacin) die mechanische Stabilität des Kallus vermindern und die Heilung der Fraktur verzögern können. Auch andere Knochenheilungsvorgänge im Körper wie die Fusion zweier Wirbelkörper [21], das

Einwachsen und die Mineralisierung demineralisierter Implantate [45] bzw. das Remodeling [109] wurden durch die Gabe von Indometacin negativ beeinflusst.

Hemmt Diclofenac die Frakturheilung?

Auch wenn Diclofenac in Bezug auf die Frakturheilung bisher noch nicht untersucht worden war, so sind doch diverse Einflüsse auf den Knochen und die Knochenregeneration beschrieben bzw. untersucht worden.

In mehreren Studien konnte eindeutig nachgewiesen werden, dass Diclofenac die Bildung heterotoper Ossifikationen signifikant hemmt [74, 75, 90, 121] und dieser Effekt ausgeprägter ist als bei der Gabe von Indometacin [76]. Ebenfalls hemmt Diclofenac das Einwachsen von Knochen in Implantate [50]. Interessanterweise konnte Fink keinen Einfluss von Diclofenac auf die Kallusdistraktion (im Verfahren nach Ilizarov) nachweisen [30], wobei hier einschränkend anzumerken ist, dass es sich um eine klinische Untersuchung handelte, was die Validität dieser Ergebnisse deutlich einschränkt.

Gerade hat eine weitere Forschergruppe die ersten Ergebnisse einer tierexperimentellen Studie [39] zum Einfluss von Diclofenac auf die Frakturheilung vorgestellt. Auch Haberland konnte am Mäusemodell die Hemmung der Frakturheilung unter Diclofenacapplikation biomechanisch, radiologisch, histomorphometrisch und immunzytochemisch nachweisen [39].

Hemmt Diclofenac die Wundheilung?

Die Ergebnisse konnten belegen, dass unter Diclofenacgabe die Fibroblastenzahl abnahm. Dass somit auch die Stabilität der Hautnarbe vermindert wurde, kann nur vermutet werden. Die epitheliale Bedeckung blieb unbeeinflusst. Daraus folgt, dass Diclofenac die Migration der Fibroblasten, nicht jedoch der Epithelzellen hemmt. Über welchen Mechanismus dies geschieht, bleibt ebenfalls unklar.

Die deutliche Reduktion der Fibroblasten bei den mit Diclofenac behandelten Tieren lässt somit den Rückschluss auf eine Hemmung der Fibroblastenproliferation zu.

Über den Einfluss von Diclofenac auf die Wundheilung wurde in der Literatur noch sehr wenig publiziert. Publiziert wurde nur eine klinische Studie über die präoperative Einmalgabe von Diclofenac vor einer Zahnextraktion; in dieser Untersuchung wurde keine Häufung an Komplikationen beobachtet [49]. Eine experimentelle Arbeit untersuchte den Einfluss von Indometacin und Diclofenac auf die Wundheilung[84]. Hier waren die Ergebnisse unterschiedlich: Je nach Zeitpunkt der Untersuchung war die maximale Zugkraft der Narben nach Indometacinmedikation teilweise verbessert, während unter Diclofenacmedikation diese unbeeinflusst oder sogar vermindert war. Somit wäre die Schlussfolgerung, die gefundene Verminderung der Fibroblastenzahl im Narbengewebe mit einer verminderten Stabilität in Zusammenhang zu bringen, durchaus gerechtfertigt.

Bei der Analyse der Epidermisdicke im Wundgebiet sowie deren Relation zur gesunden Epidermis zeigte sich ein deutlich größerer Streubereich in der Placebogruppe als in der Diclofenacgruppe. Da die Mediane in beiden Gruppen jedoch annähernd gleich waren, konnte auf ein normales Migrationsverhalten der Epithelzellen geschlossen werden.

Der größere Streubereich bei den unbehandelten Tieren könnte möglicherweise durch individuelle Unterschiede im Heilungsverlauf erklärt werden. Dieser tritt möglicherweise nach Applikation von Diclofenac in den Hintergrund, da ein zusätzlicher, regulierender Einflussfaktor vorliegt.

Wie beeinflussen NSA die Fraktur- und Wundheilung?

Der genaue Mechanismus, wahrscheinlich eher die verschiedenen Mechanismen, sind nach wie vor nicht geklärt. Denkbar ist die Hemmung der frühen Entzündungsreaktion durch die NSA („antiphlogistischer Effekt"). Man weiß, dass gerade die lokale, frühe Entzündungsreaktion (innerhalb von 48 hrs.) einen wesentlichen Bestandteil zur Wund- und Frakturheilung beiträgt. Somit ist denkbar, dass auch die Wundheilung verzögert wird, sobald die Entzündungsreaktion gehemmt bzw. eingedämmt wird. Aber auch andere, zum Teil bereits nachgewiesene Mechanismen können zur Beantwortung dieser komplexen Frage beitragen.

In einer gerade erschienenen Arbeit über die Auswirkungen der selektiven Cyclooxygenase-2-Inhibitoren auf die Frakturheilung [103] kommen die Autoren zu dem Ergebnis, dass die Cyclooxygenase-2 maßgeblich am regelrechten Ablauf der Frakturheilung beteiligt ist. In dieser Untersuchung verhindern Rofecoxib

(Vioxx[®]) und Celecoxib (Celebrex[®]), zwei selektive Cox-2-Hemmer, die Frakturheilung. Unter Behandlung mit diesen Medikamenten kommt es in der überwiegenden Zahl der Fälle zur Entstehung von Pseudarthrosen. Dasselbe Phänomen konnte auch bei Cox-2[-/-]-Mäusen nachgewiesen werden. Dies sind Mäuse, denen das Gen für die Cyclooxygenase-2 auf beiden, homologen Chromosomen fehlt (Cox-2[-/-]), wodurch sie keine Cyclooxygenase-2 produzieren können. Dies zeigt, dass die Verzögerung der Frakturheilung unter Cox-2-Hemmern nicht (nur) auf den sonstigen Nebenwirkungen der Medikamente beruhen kann, sondern dass es einen Mechanismus geben muss, der über die Cyclooxygenase-2 in die Frakturheilung eingreift beziehungsweise im Rahmen der Frakturheilung eine wichtige Aufgabe übernimmt.

Gerade die Frühphase der Heilung scheint eine entscheidende Rolle zu spielen: Während dieser ist die Ausschüttung an Prostaglandinen sehr hoch [20], die Bildung von Prostaglandinen wird aber durch die Gabe von NSA gehemmt. Dafür sprechen auch eindeutig die Daten unserer Untersuchung, wonach keine relevanten Unterschiede in den mit Langzeit bzw. Kurzzeit Diclofenac behandelten Tiergruppen auftreten. Erwartet hätte man hier eher, je länger die Applikation, umso größer die Nebenwirkung. Dies ließ sich aber keinesfalls nachweisen.

Verschiedene Möglichkeiten sind denkbar, wie die Cyclooxygenase-2 hier in den Ablauf der Frakturheilung eingreift: Möglicherweise verbessern und beschleunigen die Prostaglandine, welche unter Einwirkung von Cox-2 gebildet werden, die Osteoblastenproliferation und -differenzierung. Oder diese Enzyme sind nötig um die Differenzierung der Chondrozyten und Osteozyten zu den entsprechenden aktiven Zellen zu initiieren und somit für die Bildung von extrazellulärer Matrix zu sorgen. Eine andere denkbare Möglichkeit wäre, dass die Signalübertragung und Kommunikation zwischen den für die enchondrale Ossifikation zuständigen Zellen von der Cyclooxygenase-2 abhängig ist. Bei einer Unterbrechung der Übertragung kann die Ossifikation nicht mehr koordiniert werden. Denkbar ist aber auch, dass die durch Cox-2 gebildeten Prostaglandine die Ablagerung extrazellulärer Matrix stimulieren und so an der Frakturheilung beteiligt sind.

Auch die in unserer Untersuchung gefundene Beeinflussung der Osteoblastenaktivität wurde mittlerweile durch eine weitere Forschergruppe verifiziert [66]. Mit Diclofenac behandelte Osteoblasten zeigten - in einer In-vitro-

Studie gegenüber mit Placebo oder Tramadol behandelten Osteoblasten – eine deutlich verminderte Aktivität [66].

Eine abschließende Klärung all dieser sehr komplexen Mechanismen steht noch aus.

9. ZUSAMMENFASSUNG

Einleitung: Im Rahmen dieser Arbeit wurde der Effekt von Diclofenac, einem Medikament aus der Gruppe der NSA (nichtsteroidale Antiphlogistika), auf die Knochenbruch- und Wundheilung untersucht. Als Alternativmedikament wurde neben einer placebobehandelten Kontrollgruppe Tramadol, ein zentral wirksames Analgetikum, mit geprüft (nur in Versuchsreihe B).

Material und Methoden: Die Untersuchung erfolgte in 2 Versuchsreihen (A und B) in einem Tierversuch bei männlichen Wistarratten (300-400gr). Die Zuteilung der Tiere erfolgte in beiden Reihen durch eine nach dem Gewicht der Tiere geschichtete Randomisierung (n=66).

In Versuchsreihe A wurden zwei Bohrlöcher am distalen Femur erzeugt, die Heilungszeit der Tiere betrug 10 Tage. Getestet wurden 10 Placebotiere gegen 10 behandelte Diclofenactiere. Die Diclofenacmedikation erfolgte oral 2x/Tag in einer Dosierung von 5mg/kgKG/die Diclofenac, was zu humanäquivalenten Plasmaspiegeln führte. Die Auswertung der Bohrlöcher erfolgte mittels Bestimmung der Knochendichte durch Computertomographie und Auszählung der neu gebildeten Osteoblasten in den Bohrlöchern. Die Wundheilung wurde histologisch untersucht, hierbei wurden die Fibroblasten sowie die Epidermisdicke bestimmt.

In Versuchsreihe B wurde ein Frakturheilungsmodell an der Rattentibia (Stabilisierung einer Tibiaosteotomie durch Marknagelung) bei einer Heilungsdauer von 21 Tagen durchgeführt. Getestet wurden 40 Tiere, aufgeteilt auf 4 Gruppen. Gruppe 1 waren 10 Placebotiere, in den Gruppen 2 und 3 erfolgte die Diclofenacgabe in der Dosierung von 5mg/kgKG/die in der einen Untergruppe nur über einen kurzen Zeitraum von 7 Tagen, in der anderen Untergruppe über den gesamten Versuchszeitraum von 21 Tagen. Tramadol wurde bei den Tieren in Gruppe 4 als analgetisches Alternativmedikament ebenfalls oral appliziert in einer Dosis von 20mg/kgKG/die.

Die Auswertung erfolgte durch CT, biomechanische 3-Punkt-Biegeprüfung und Histologie.

Ergebnisse: Knochendichte und Auszählung der neu gebildeten Osteoblasten pro Bohrloch ergaben bei den mit Diclofenac behandelten Tieren eine um 37% geringere Knochendichte und eine um 57% geringere Anzahl an neu gebildeten Osteoblasten verglichen mit den unbehandelten Tieren. Beide Ergebnisse waren signifikant.

Am Frakturheilungsmodell der Rattentibia war ebenfalls eine deutliche Verzögerung der Knochenheilung bei den mit Diclofenac behandelten Tieren zu beobachten. Die Knochendichte war bei diesen Tieren, egal wie lange sie mit Diclofenac behandelt wurden, um 34% vermindert. Die Knochenfestigkeit der über 7 Tage mit Diclofenac behandelten Tieren ergab eine Verminderung der Maximalkraft um 55% sowie eine Verminderung der Biegesteifigkeit um 64% verglichen zu den unbehandelten Placebotieren. Die Knochenfestigkeit der über 21 Tage mit Diclofenac behandelten Tieren ergab eine Verminderung der Maximalkraft um 47% sowie eine Verminderung der Biegesteifigkeit um 76% ebenfalls wieder verglichen zu den unbehandelten Placebotieren.

Die Ergebnisse der Hauptzielgrößen Knochendichte und Maximalkraft waren signifikant. Histologisch fanden sich nur geringere Unterschiede.

Bei den Hautpräparaten zeigte sich nach 10 Tagen eine um 20% verminderte Fibroblastenzahl im Narbengewebe der Diclofenactiere, die epitheliale Bedeckung des Gewebes war nicht beeinflusst. Dies lässt sich mit einer reduzierten Stabilität der Narbe in Einklang bringen, eine eindeutige Heilungsverzögerung konnte nicht sicher nachgewiesen werden.

Schlussfolgerung: Im Tierversuch an der Ratte konnte der hemmende Einfluss von Diclofenac auf die Knochenbruchheilung nachgewiesen werden, im Rahmen der Wundheilung kam es zu einer deutlich verminderten Fibroblastenaktivität unter Diclofenacmedikation, was für eine Verminderung der Stabilität der Narbe spricht bei gleicher Narbendicke.

10. Schlussfolgerung

Die Ergebnisse sind - auch in Zusammenschau mit der neuesten Literatur - unzweifelhaft: Nichtsteroidale Antiphlogistika haben - je nach Einzelpräparat - einen mehr oder weniger hemmenden bzw. verzögernden Einfluss auf die Knochenbruchheilung. Auch wenn dies bisher nur im Tierversuch eindeutig nachweisbar war: Alle vorliegenden Ergebnisse sowie die bisher gefundenen Wirkmechanismen lassen keine andere Schlussfolgerung zu als die – zumindest bedingte – Übertragbarkeit dieser Erkenntnisse auf den menschlichen Organismus.

Entwickelt wurde ein praktikables Frakturheilungsmodell an der Rattentibia, was sich - je nachdem ob zusätzlich eine Fibulafraktur gesetzt wird oder nicht - als stabiles oder instabiles Modell anwenden lässt und auch beide Modelle untereinander vergleichbar sind.

Bei der oralen Medikamentenapplikation konnte gezeigt werden, dass diese in der Zubereitungsform von Geleekügelchen von den Ratten problemlos aufgenommen wurde. Hilfsmittel wie Magensonden o.ä. waren hier nicht erforderlich.

In dieser Untersuchung konnte die Hemmung der Knochenbruchheilung unter Einnahme von Diclofenac mittels biomechanischer Testung eindeutig nachgewiesen werden. Diese Ergebnisse konnten bestätigt werden durch die radiologische Knochendichtemessung sowie die histologische Auszählung neu gebildeter Osteoblasten in der Spongiosa. Wenn auch diese Ergebnisse nicht in allen Punkten histologisch verifiziert werden konnten, so dürfte dies lediglich an der Anzahl der operierten Tiere liegen, da die Unterschiede zwischen den einzelnen Gruppen in Relation zur Gruppengröße zu gering waren. Eine zeitliche Einordnung ist histologisch insofern möglich, als sich die Tiere der Placebogruppe in einem fortgeschritteneren Stadium der Heilung befanden verglichen zu den Tieren der Diclofenacgruppe. Somit kann man eindeutig von einer Verzögerung der Knochenbruchheilung sprechen.

Auch die Wundheilung wurde durch Diclofenac verändert. Die Einwanderung von Fibroblasten zur Stabilisierung der Narbe wurde deutlich negativ beeinflusst, so dass davon auszugehen ist, dass die Narbe durch Diclofenacapplikation in ihrer Stabilität geschwächt wurde. Die Migration der Epithelzellen und damit die oberflächliche Heilung der Wunde waren durch Diclofenac weitgehend unbeeinflusst.

Trotz der Hemmung von Fraktur- und Wundheilung ist neben der analgetischen Potenz gerade der antiphlogistische Effekt ein großer Vorteil bei der Applikation von Medikamenten aus der Gruppe der NSA. Insbesondere in der Behandlung des traumatischen und postoperativen Wundödems ist ja gerade dieser Effekt fast immer erwünscht.

Abschließend lässt sich für die klinische Anwendung folgender Rat geben:

Bei Vorliegen weiterer Risikofaktoren, die möglicherweise die Heilung beeinträchtigen können, wie Rauchen, Diabetes mellitus oder das Vorliegen einer peripheren arteriellen Verschlusskrankheit ist die Indikation zur Gabe von Diclofenac (wie auch anderen NSA) als reine Schmerzmedikation unbedingt streng zu stellen. Dies gilt insbesondere dann, wenn in der Indikationsstellung aus dem breiten Wirkungsspektrum der NSA vorwiegend die analgetische Wirkung und weniger der antiphlogistische Effekt gewünscht wird.

Bei diesen Patienten sollten therapeutische Alternativen, wie zum Beispiel zentral wirksame Medikamente (z.B. Tramadol), erwogen werden.

11. DANKSAGUNG

Mein besonderer Dank gilt zunächst meinem Chef, Herrn **Prof. Dr. Lothar Kinzl,** für die Möglichkeit die Arbeit in seiner Abteilung anfertigen zu können sowie die kontinuierliche Förderung meiner klinischen und wissenschaftlichen Ausbildung.

Gleichfalls gilt mein spezieller Dank Herrn **Prof. Dr. Axel Rüter** für die Idee zu diesem interessanten Thema und die Förderung meiner chirurgischen Ausbildung, ohne ihn wäre dieser Weg nicht möglich gewesen.

Großer Dank gebührt Herrn **Prof. Dr. Lutz Claes**, ohne dessen mentale und technische Unterstützung die Planung und Auswertung des Tierversuches nicht machbar gewesen wäre. Hier sind auch dankend alle Mitarbeiter seines Instituts, insbesondere Frau **Lieselotte Müller-Modena** und Frau **Marion Tomo** vom Histologielabor, Frau **Patrizia Horny** von der Materialprüfung, Frau **Angelika Reindl**, Frau **PD Dr. Anita Ignatius** und Herr **PD Dr. Peter Augat** zu erwähnen.

In gleicher Weise ist der Abteilung Biometrie und Medizinische Dokumentation, hier insbesondere Frau **Dr. Martina Kron**, zu danken, die wertvolle und unerlässliche Unterstützung bei den statistischen Auswertungen der Ergebnisse leistete.

Dank gebührt dem Institut für Klinische Pharmakologie der Universität Jena, hier insbesondere Frau **Dr. Kathrin Farker** und Frau **Dr. Ute Merkel**, für die Bestimmung des Diclofenacserumspiegels bei den Versuchstieren.

Dank gebührt der **Firma Novartis** und speziell Herrn **Dr. Abberger** für ihre finanzielle Unterstützung des Tierversuchs.

Last but not least ein herzlicher Dank an meine Ehefrau **Alexandra** und meine Kinder **Maximilian, Leonie** und **Sebastian** für ihre Geduld und ihr Verständnis sowie an meine Eltern, **Dr. Günter und Beate Beck** für die lebenslange Unterstützung und Betreuung aus familiärer und beruflicher Sicht und an meine Schwester, Frau **Dr. Ursula Lembcke,** für das unermüdliche Korrekturlesen.

12. LITERATURVERZEICHNIS

1.   Allen H. L., Wase A. and Bear W. T. (1980) Indomethacin and aspirin: effect of nonsteroidal anti-inflammatory agents on the rate of fracture repair in the rat. Acta Orthop Scand 51: 595-600.

2.   Allgöwer M. and Liebermann-Meffert D. (1998) Wunde, Wundbehandlung und Wundheilung. In: Siewert, Chirurgie. Springer-Verlag, 83-93

3.   Altman R. D., Latta L. L., Keer R., Renfree K., Hornicek F. J. and Banovac K. (1995) Effect of nonsteroidal antiinflammatory drugs on fracture healing: a laboratory study in rats. J Orthop Trauma 9: 392-400

4.   Augat P. (1995) Biomechanik und Morphometrie des Kallusgewebes bei der sekundären Frakturheilung.

5.   Augat P., Margevicius K., Simon J., Wolf S., Suger G. and Claes L. (1998) Local tissue properties in bone healing: influence of size and stability of the osteotomy gap. J Orthop Res 16: 475-481.

6.   Beck A., Kinzl, L., Bischoff, M. (2000) Antibiotikaprophylaxe in Orthopädie, Unfallchirurgie und Traumatologie. Krh.-Hyg. + Inf.verh. 22: 76-82

7.   Bhandari M., Guyatt G. H., Swiontkowski M. F. and Schemitsch E. H. (2001) Treatment of open fractures of the shaft of the tibia. J Bone Joint Surg Br 83: 62-68.

8.   Bort R., Ponsoda X., Carrasco E., Gomez-Lechon M. J. and Castell J. V. (1996) Comparative metabolism of the nonsteroidal antiinflammatory drug, aceclofenac, in the rat, monkey, and human. Drug Metab Dispos 24: 969-975.

9.   Braun W. and Rüter A. (1996) Frakturheilung - Morphologische und physiologische Gesichtspunkte. Unfallchirurg 99: 59-67

10.   Brooks P. M. and Day R. O. (1991) Nonsteroidal antiinflammatory drugs-- differences and similarities. N Engl J Med 324: 1716-1725

11.   Carrico T. J., Mehrhof A. I., Jr. and Cohen I. K. (1984) Biology of wound healing. Surg Clin North Am 64: 721-733.

12.   Casadei A., Bassetto F., Azzena B., Brun P., De Galateo A. and Abatangelo G. (1989) Effect of some chemical substances on wound healing. In: Abatangelo G., Cutaneous development, aging and repair.

13.   Chao E. Y. S. and Aro H. T. (1992), Biomechanics of fracture repair and fracture fixation. In: Proceedings of The 3rd Conference of the International Society for Fracture Repair, 16-55

14.   Claes L. E., Heigele C. A., Neidlinger-Wilke C., Kaspar D., Seidl W., Margevicius K. J. and Augat P. (1998) Effects of mechanical factors on the fracture healing process. Clin Orthop 355 Suppl: S132-147

15.   Clark R. A. (1985) Cutaneous tissue repair: basic biologic considerations. I. J Am Acad Dermatol 13: 701-725.

16.   Clark R. A. (1993) Biology of dermal wound repair. Dermatol Clin 11: 647-666.

17.   Cohen I. K. and Mast B. A. (1990) Models of wound healing. J Trauma 30: S149-155.

18.   Costa A. M., Peyrol S., Porto L. C., Comparin J. P., Foyatier J. L. and Desmouliere A. (1999) Mechanical forces induce scar remodeling. Study in non-pressure-treated versus pressure-treated hypertrophic scars. Am J Pathol 155: 1671-1679.

19.   Davies N. M. and Anderson K. E. (1997) Clinical pharmacokinetics of diclofenac. Therapeutic insights and pitfalls. Clin Pharmacokinet 33: 184-213.

20.   Dekel S., Lenthall G. and Francis M. J. (1981) Release of prostaglandins from bone and muscle after tibial fracture. An experimental study in rabbits. J Bone Joint Surg Br 63-B: 185-189.

21.   Dimar J. R., Ante W. A., Zhang Y. P. and Glassman S. D. (1996) The effects of nonsteroidal anti-inflammatory drugs on posterior spinal fusions in the rat. Spine 21: 1870-1876.

22.   Donath K. (1985) The diagnostic value of the new method for the study of undecalcified bones and teeth with attached soft tissue (Sage-Schliff (sawing and grinding) technique). Pathol Res Pract 179: 631-633.

23.   Donath K. and Breuner G. (1982) A method for the study of undecalcified bones and teeth with attached soft tissues. The Sage-Schliff (sawing and grinding) technique. J Oral Pathol 11: 318-326.

24.   Dong Y. L., Fleming R. Y., Yan T. Z., Herndon D. N. and Waymack J. P. (1993) Effect of ibuprofen on the inflammatory response to surgical wounds. J Trauma 35: 340-343.

25.   Drenska A., Ognyanova V., Tomov E., Mihailova D., Nakova G., Georgieva R. and Dikova N. (1984) Feloran (Diclofenac Sodium). Pharmacokinetics in experimental animals and humans after oral administration. Med.- Biol. Inform. 12-16

26.   Driessen B., Reimann W. and Giertz H. (1993) Effects of the central analgesic tramadol on the uptake and release of noradrenaline and dopamine in vitro. Br J Pharmacol 108: 806-811.

27.   Einhorn T. A. (1992) The biology of fracture healing. 3rd Conference of the International Society for Fracture Repair, (Brussels, Belgium) 1-15

28.   Endres H. G., Henschel L., Merkel U., Hippius M. and Hoffmann A. (1996) Lack of pharmacokinetic interaction between dextromethorphan, coumarin and mephenytoin in man after simultaneous administration. Pharmazie 51: 46-51

29.   Engesaeter L. B., Sudmann B. and Sudmann E. (1992) Fracture healing in rats inhibited by locally administered indomethacin. Acta Orthop Scand 63: 330-333.

30.   Fink B., Krieger M., Strauss J. M., Opheys C., Menkhaus S., Fischer J. and Ruther W. (1996) Osteoneogenesis and its influencing factors during treatment with the Ilizarov method. Clin Orthop 261-272.

31.   Flecknell P. A. (1994) Refinement of animal use--assessment and alleviation of pain and distress. Lab Anim 28: 222-231.

32.   Flecknell P. A. and Liles J. H. (1991) The effects of surgical procedures, halothane anaesthesia and nalbuphine on locomotor activity and food and water consumption in rats. Lab Anim 25: 50-60.

33.   Friderichs E., Felgenhauer F., Jongschaap P. and Osterloh G. (1978) [Pharmacological studies on analgesia, dependence on and tolerance of tramadol, a potent analgetic drug (author's transl)]. Arzneimittelforschung 28: 122-134

34.   Frölich J. (1996) Eine neue Generation von Antirheumatika. Deutsches Ärzteblatt

35.   Frost H. M. (1989) The biology of fracture healing. An overview for clinicians. Part I. Clin Orth Rel Res 248: 283-293

36.   Frost H. M. (1989) The biology of fracture healing. An overview for clinicians. Part II. Clin Orth Rel Res 248: 283-293

37.   Goslen J. B. (1988) Wound healing for the dermatologic surgeon. J Dermatol Surg Oncol 14: 959-972.

38.   Greenbaum M. A. and Kanat I. O. (1993) Current concepts in bone healing. Review of the literature. J Am Podiatr Med Assoc 83: 123-129

39.   Haberland M., Gesicki M., Nguyen C., Tibba J., Amling M. and Rueger J. (2002), Antiinflammatory drugs impair fracture healing. In: Proceedings of 5th European Trauma Congress, Vienna, Austria:

40.   Hardman J. G., Limbird L. E., Molinoff P. B., Ruddon R. W. and Gilman A. G. (1996) Goodman & Gilman`s The Pharmacological Basis of Therapeutics. The McGraw-Hill Companies Inc., New York

41.   Hennies H. H., Friderichs E. and Schneider J. (1988) Receptor binding, analgesic and antitussive potency of tramadol and other selected opioids. Arzneimittelforschung 38: 877-880.

42.   High W. B. (1987) Effects of orally administered prostaglandin E-2 on cortical bone turnover in adult dogs: a histomorphometric study. Bone 8: 363-373

43.   Hinz B. and Brune K. (2000) [Specific cyclooxygenase-2 inhibitors. Basis and options of a pharmacotherapeutic concept]. Anaesthesist 49: 964-971.

44.   Ho M. L., Chang J. K., Chuang L. Y., Hsu H. K. and Wang G. J. (1999) Effects of nonsteroidal anti-inflammatory drugs and prostaglandins on osteoblastic functions. Biochem Pharmacol 58: 983-990.

45.   Ho M. L., Chang J. K. and Wang G. J. (1998) Effects of ketorolac on bone repair: A radiographic study in modeled demineralized bone matrix grafted rabbits. Pharmacology 57: 148-159.

46.   Hogevold H. E., Grogaard B. and Reikeras O. (1992) Effects of short-term treatment with corticosteroids and indomethacin on bone healing. A mechanical study of osteotomies in rats. Acta Orthop Scand 63: 607-611.

47.   Höntzsch D., Weller S., Dürselen L. and Claes L. (1993) Die begleitende Fibulaosteosynthese bei der kompletten Unterschenkelfraktur. Georg Thieme Verlag, Stuttgart - New York

48.   Huo M. H., Troiano N. W., Pelker R. R., Gundberg C. M. and Friedlaender G. E. (1991) The influence of ibuprofen on fracture repair: biomechanical, biochemical, histologic, and histomorphometric parameters in rats. J Orthop Res 9: 383-390.

49.   Hyrkas T. (1994) Effect of preoperative single doses of diclofenac and methylprednisolone on wound healing. Scand J Plast Reconstr Surg Hand Surg 28: 275-278.

50.   Jacobsson S. A., Djerf K., Ivarsson I. and Wahlstrom O. (1994) Effect of diclofenac on fixation of hydroxyapatite-coated implants. An experimental study. J Bone Joint Surg Br 76: 831-833

51.   Junqueira L., Carneiro J. and Kelley R. (2002) Haut. In: Junqueira L., Carneiro J. and Kelley R., Histologie. Springer-Verlag, 311-324

52.   Kawaguchi H., Pilbeam C. C., Harrison J. R. and Raisz L. G. (1995) The role of prostaglandins in the regulation of bone metabolism. Clin Orthop 36-46.

53.   Keller J. (1996) Effects of indomethacin and local prostaglandin E2 on fracture healing in rabbits. Dan Med Bull 43: 317-329.

54.   Keller J., Bunger C., Andreassen T. T., Bak B. and Lucht U. (1987) Bone repair inhibited by indomethacin. Effects on bone metabolism and strength of rabbit osteotomies. Acta Orthop Scand 58: 379-383.

55.   Keller J., Kjaersgaard-Andersen P., Bayer-Kristensen I. and Melsen F. (1990) Indomethacin and bone trauma. Effects on remodeling of rabbit bone. Acta Orthop Scand 61: 66-69.

56.   Klein D. C. and Raisz L. G. (1970) Prostaglandins: stimulation of bone resorption in tissue culture. Endocrinology 86: 1436-1440.

57.   Krettek C. (2001) [Principles of intramedullary fracture stabilization. 1]. Unfallchirurg 104: 639-651; quiz 652.

58.   Kropfl A., Hertz H., Redl H. and Schlag G. (2001) [Callus development after bored and unbored femoral interlocking nailing. An experimental study]. Unfallchirurg 104: 41-49.

59.   Kuehl F. A., Jr. and Egan R. W. (1980) Prostaglandins, arachidonic acid, and inflammation. Science 210: 978-984.

60.   Langman M. J., Weil J., Wainwright P., Lawson D. H., Rawlins M. D., Logan R. F., Murphy M., Vessey M. P. and Colin-Jones D. G. (1994) Risks of bleeding peptic ulcer associated with individual non-steroidal anti-inflammatory drugs. Lancet 343: 1075-1078

61.   Lehmann K. A., Kratzenberg U., Schroeder-Bark B. and Horrichs-Haermeyer G. (1990) Postoperative patient-controlled analgesia with tramadol: analgesic efficacy and minimum effective concentrations. Clin J Pain 6: 212-220.

62.   Liles J. H. and Flecknell P. A. (1993) The effects of surgical stimulus on the rat and the influence of analgesic treatment. Br Vet J 149: 515-525.

63.   Liles J. H. and Flecknell P. A. (1994) A comparison of the effects of buprenorphine, carprofen and flunixin following laparotomy in rats. J Vet Pharmacol Ther 17: 284-290.

64. Lintz W., Erlacin S., Frankus E. and Uragg H. (1981) [Biotransformation of tramadol in man and animal (author's transl)]. Arzneimittelforschung 31: 1932-1943

65. Margaret I. and Jamil K. (1997) Influence of naproxen on the healing of open excision wound in rats. Biomed Sci Instrum 33: 226-232

66. Matziolis G., Rau H., Klever P., Erli H. and Paar O. (2002) Beeinflussung humaner Osteoblasten durch verschiedene Analgetika. Unfallchirurg 105: 527-531

67. Mbugua S. W., Skoglund L. A. and Lokken P. (1989) Effects of phenylbutazone and indomethacin on the post-operative course following experimental orthopaedic surgery in dogs. Acta Vet Scand 30: 27-35

68. McKibbin B. (1978) The biology of fracture healing in long bones. J Bone Joint Surg [Br] 60: 150-162

69. Miyamoto G., Zahid N. and Uetrecht J. P. (1997) Oxidation of diclofenac to reactive intermediates by neutrophils, myeloperoxidase, and hypochlorous acid. Chem Res Toxicol 10: 414-419

70. Müller M., Schilling R., Minne W. and Ziegler R. (1991) A Systematic Acceleratory Phenomenon (SAP) accompanies the Regional Acceleratory Phenomenon (RAP) during healing of a bone defect in the rat. J Bone Miner Res 6: 401

71. Müller M. E. (1980) [Classification and international AO-documentation of femur fractures]. Unfallheilkunde 83: 251-259.

72. Müller M. E. and Perren S. M. (1972) [Callus and primary bone healing]. Monatsschr Unfallheilkd Versicher Versorg Verkehrsmed 75: 442-454

73. Naundorf F. and Greiner Y. (2001) Kos. Michael Müller Verlag GmbH, Erlangen

74. Neal B., Rodgers A., Dunn L. and Fransen M. (2000) Non-steroidal anti-inflammatory drugs for preventing heterotopic bone formation after hip arthroplasty. Cochrane Database Syst Rev CD001160

75.   Neal B. C., Rodgers A., Clark T., Gray H., Reid I. R., Dunn L. and MacMahon S. W. (2000) A systematic survey of 13 randomized trials of non-steroidal anti-inflammatory drugs for the prevention of heterotopic bone formation after major hip surgery. Acta Orthop Scand 71: 122-128

76.   Nilsson O. S., Bauer H. C., Brosjo O. and Tornkvist H. (1987) A comparison of indomethacin and diclofenac in the inhibition of experimental heterotopic new bone formation. Int Orthop 11: 283-287

77.   Norrdin R. W., Jee W. S. and High W. B. (1990) The role of prostaglandins in bone in vivo. Prostaglandins Leukot Essent Fatty Acids 41: 139-149.

78.   Obeid G., Zhang X. and Wang X. (1992) Effect of ibuprofen on the healing and remodeling of bone and articular cartilage in the rabbit temporomandibular joint. J Oral Maxillofac Surg 50: 843-849; discussion 849-850.

79.   Oni O. A. (1997) The bony callus. Injury 28: 629-631.

80.   Park S. H., O'Connor K., Sung R., McKellop H. and Sarmiento A. (1999) Comparison of healing process in open osteotomy model and closed fracture model. J Orthop Trauma 13: 114-120.

81.   Pasternak G. W. (1993) Pharmacological mechanisms of opioid analgesics. Clin Neuropharmacol 16: 1-18

82.   Peris-Ribera J. E., Torres-Molina F., Garcia-Carbonell M. C., Aristorena J. C. and Pla-Delfina J. M. (1991) Pharmacokinetics and bioavailability of diclofenac in the rat. J Pharmacokinet Biopharm 19: 647-665.

83.   Pollack S. V. (1979) Wound healing: a review. I. The biology of wound healing. J Dermatol Surg Oncol 5: 389-393.

84.   Quirinia A. and Viidik A. (1997) Diclofenac and indomethacin influence the healing of normal and ischaemic incisional wounds in skin. Scand J Plast Reconstr Surg Hand Surg 31: 213-219.

85.   Raisz L. G., Alander C. B., Fall P. M. and Simmons H. A. (1990) Effects of prostaglandin F2 alpha on bone formation and resorption in cultured neonatal mouse calvariae: role of prostaglandin E2 production. Endocrinology 126: 1076-1079.

86.   Raisz L. G. and Fall P. M. (1990) Biphasic effects of prostaglandin E2 on bone formation in cultured fetal rat calvariae: interaction with cortisol. Endocrinology 126: 1654-1659.

87.   Raisz L. G. and Martin T. J. (1983) Bone and Mineral Research. In: Peck W., Bone and Mineral Research. Elsevier Science Publishers, 286-310

88.   Reikeraas O. and Engebretsen L. (1998) Effects of ketorolac tromethamine and indomethacin on primary and secondary bone healing. An experimental study in rats. Arch Orthop Trauma Surg 118: 50-52

89.   Remedios A. (1999) Bone and bone healing. Vet Clin North Am Small Anim Pract 29: 1029-1044, v.

90.   Risto O., Wahlstrom O. and Abdiu A. (1995) The effect of low dose diclofenac sodium administered locally on heterotopic bone formation in rats. Int Orthop 19: 392-395

91.   Ro J., Langeland N. and Sander J. (1978) Effect of indomethacin on collagen metabolism of rat fracture callus in vitro. Acta Orthop Scand 49: 323-328.

92.   Ro J., Sudmann E. and Marton P. F. (1976) Effect of indomethacin on fracture healing in rats. Acta Orthop Scand 47: 588-599.

93.   Romeis B. (1989) Doppelfärbung mit Hämalaun-Eosin (H&E). In: Romeis B., Mikroskopische Technik. Urban und Schwarzenberg, 235-236

94.   Romeis B. (1989) Paragon-Färbung und ähnliche Färbungen. In: Romeis B., Mikroskopische Technik. Urban und Schwarzenberg, 555

95.   Rüedi T., v. Gumppenberg S. and Werber K. (1998) Frakturen, Gelenkverletzung und Luxationen des Halte- und Bewegungsapparates. In: Siewert, Chirurgie. Springer-Verlag, 793-820

96.   Runkel M., Wenda K., Ritter G., Rahn B. and Perren S. M. (1994) Bone healing after unreamed intramedullary nailing. Unfallchirurg 97: 1-7

97.   Schenk R. (1977) Histologie der Frakturheilung und der Pseudarthrosen.

98.   Schenk R. K. (1986) Histophysiology of bone remodelling and bone repair. In: Lin O. C. and Chao E. Y. S., Perspectives on Biomaterials. Elsevier Science, Amsterdam: 75-94

99.   Seitz G. (1992) Klassiker im Arzneischatz: zentral wirksame Opioid-Analgetika. PZ 137: 87-103

100.   Shipton E. A. (2000) Tramadol--present and future. Anaesth Intensive Care 28: 363-374.

101.   Sidhu G. S., Singh A. K., Thaloor D., Banaudha K. K., Patnaik G. K., Srimal R. C. and Maheshwari R. K. (1998) Enhancement of wound healing by curcumin in animals. Wound Repair Regen 6: 167-177.

102.   Simmons D. J. (1985) Fracture healing perspectives. Clin Orthop 100-113

103.   Simon A., Manigrasso M. and O'Connor J. (2002) Cyclo-Oxygenase 2 Function Is Essential for Bone Fracture Healing. J Bone Miner Res 17: 963-976

104.   Smith W. L. (1992) Prostanoid biosynthesis and mechanism of action. Am J Physiol 268: 181-191

105.   Sorg T. (2002) Histologische Untersuchung des Einflusses oraler Diclofenacapplikation auf die Fraktur- und Wundheilung (Dissertation im Druck, Universität Ulm).

106.   Stiernberg J., Norfleet A. M., Redin W. R., Warner W. S., Fritz R. R. and Carney D. H. (2000) Acceleration of full-thickness wound healing in normal rats by the synthetic thrombin peptide, TP508. Wound Repair Regen 8: 204-215.

107.   Straub P. W. (1981) Harrisson: Prinzipien der Inneren Medizin. Schwabe & Co.AG Verlag, Basel/Stuttgart

108.   Sudmann E. (1975) Effect of indomethacin on bone remodelling in rabbit ear chambers. Acta Orthop Scand Suppl 160: 91-115

109.   Sudmann E. and Bang G. (1979) Indomethacin-induced inhibition of haversian remodelling in rabbits. Acta Orthop Scand 50: 621-627.

110.   Sudmann E., Dregelid E., Bessesen A. and Morland J. (1979) Inhibition of fracture healing by indomethacin in rats. Eur J Clin Invest 9: 333-339.

111.   Sudmann E. and Hagen T. (1976) Indomethacin-induced delayed fracture healing. Arch Orthop Unfallchir 85: 151-154.

112.   Thompson D. D. and Rodan G. A. (1988) Indomethacin inhibition of tenotomy-induced bone resorption in rats. J Bone Miner Res 3: 409-414

113.   Todd P. A. and Sorkin E. M. (1988) Diclofenac sodium. A reappraisal of its pharmacodynamic and pharmacokinetic properties, and therapeutic efficacy. Drugs 35: 244-285.

114.   Tornkvist H. and Lindholm T. S. (1980) Effect of ibuprofen on mass and composition of fracture callus and bone. An experimental study on adult rat. Scand J Rheumatol 9: 167-171

115.   Torres-Lopez J. E., Robles M. B., Perez-Urizar J., Flores-Murrieta F. J. and Granados-Soto V. (1997) Determination of diclofenac in micro-whole blood samples by high- performance liquid chromatography with electrochemical detection. Application in a pharmacokinetic study. Arzneimittelforschung 47: 1040-1043.

116.   Trabucchi E., Preis Baruffaldi F., Baratti C. and Montorsi W. (1986) Topical treatment of experimental skin lesions in rats: macroscopic, microscopic and scanning electron-microscopic evaluation of the healing process. Int J Tissue React 8: 533-544

117.   Trentz O. and Ertel W. (2000) Verletzungen des Bewegungsapparates Allgemeiner Teil: Frakturen. In: Berchtold, Chirurgie. Urban& Fischer, München Jena: 369-397

118.   Vane J. R. (1971) Inhibition of prostaglandin synthesis as a mechanism of action for aspirin-like drugs. Nat New Biol 231: 232-235.

119. Vane J. R. and Botting R. M. (1995) New insights into the mode of action of anti-inflammatory drugs. Inflamm Res 44: 1-10.

120. Vane J. R. and Botting R. M. (1998) Mechanism of action of nonsteroidal anti-inflammatory drugs. Am J Med 104: 2S-8S; discussion 21S-22S.

121. Wahlstrom O., Risto O., Djerf K. and Hammerby S. (1991) Heterotopic bone formation prevented by diclofenac. Prospective study of 100 hip arthroplasties. Acta Orthop Scand 62: 419-421.

122. Wechter W. J. (1992) The effects of NSAIDs and E-prostaglandins on bone: a two signal hypothesis for the maintenance of skeletal bone. Prog Drug Res 39: 351-364

123. Willenegger H., Perren S. M. and Schenk R. (1971) Primäre und sekundäre Knochenheilung. Chirurg 42: 241-252

124. Wittenberg J. M. and Wittenberg R. H. (1991) Release of prostaglandins from bone and muscle after femoral osteotomy in rats. Acta Orthop Scand 62: 577-581.

125. Wysocki A. B. (1999) Skin anatomy, physiology, and pathophysiology. Nurs Clin North Am 34: 777-797, v.

126. Zmeili S., Hasan M., Najib N., Sallam E., Deleq S. and Shubair M. (1996) Bioavailability and pharmacokinetic properties of 2 sustained-release formulations of diclofenac sodium, Voltaren vs inflaban: effect of food on inflaban bioavailability. Int J Clin Pharmacol Ther 34: 564-570.

Lightning Source UK Ltd.
Milton Keynes UK
UKHW010643230721
387648UK00002B/297

9 783640 557530